U0875644

中央党校 2017 年创新工程项目
《生态治理能力法治化》的阶段性研究成果

历史法学视野中的转型中国社会治理

张学博◎著

LISHI FAXUE SHIYE ZHONG DE
ZHUANXING ZHONGGUO SHEHUI ZHILI

中国政法大学出版社

2018 · 北京

声　　明　　1. 版权所有，侵权必究。

2. 如有缺页、倒装问题，由出版社负责退换。

图书在版编目（CIP）数据

历史法学视野中的转型中国社会治理/张学博著.—北京:中国政法大学出版社,2018.1

ISBN 978-7-5620-8065-7

Ⅰ.①历… Ⅱ.①张… Ⅲ.①社会主义法制—研究—中国 Ⅳ.①D920.0

中国版本图书馆CIP数据核字(2018)第016542号

出 版 者　中国政法大学出版社

地　　址　北京市海淀区西土城路 25 号

邮寄地址　北京 100088 信箱 8034 分箱　邮编 100088

网　　址　http://www.cuplpress.com (网络实名：中国政法大学出版社)

电　　话　010-58908586(编辑部) 58908334(邮购部)

编辑邮箱　zhengfadch@126.com

承　　印　北京九州迅驰传媒文化有限公司

开　　本　880mm×1230mm　1/32

印　　张　7.125

字　　数　200 千字

版　　次　2018 年 1 月第 1 版

印　　次　2018 年 1 月第 1 次印刷

定　　价　36.00 元

目录

CONTENTS

第一部分 古代中国社会治理的历史逻辑

第一章　中国古代法制和社会治理 … 003

第二章　德法合一：中国特色社会主义法治的历史传统 … 009

一、问题的提出 … 009

二、古代中国社会的法治是否存在？… 011

三、古代中国社会的法治与德治：德法合一 … 013

四、当代中国全面推进依法治国的主要问题 … 017

五、全面推进依法治国与以德治国的现实路径 … 021

第三章　中国古代税制的历史变迁

——从宪制切入 … 026

一、问题的提出 … 026

二、古代中国税制的历史观察——从宪制切入 … 030

三、古代中国税制的核心——从宪制切入 … 040

四、对当代中国税制的建议 … 044

第四章　理财治国论：中国历史中的真实逻辑
——兼论国家治理现代化的新路径 … 047
一、问题的提出：古代中国社会治乱之本 … 047
二、理财治国论：中国历史的真实逻辑 … 049
三、理财治国的核心命题 … 054
四、理财治国：国家治理现代化的新路径 … 059
结　论 … 063

第二部分　转型中国社会治理的现实逻辑

第五章　财政民主：国家治理现代化的现实路径之一 … 067
一、问题的提出 … 067
二、财政民主原则的理论基础 … 068
三、财政民主原则的内涵 … 070
四、中国财政民主原则的现状 … 073
五、中国财政民主原则的现实路径 … 075

第六章　分配正义新论：国家治理现代化的现实路径之二 … 079
一、问题的提出 … 079
二、分配正义原则的理论基础 … 081
三、分配正义原则的理论内涵 … 085
四、财税体制改革新路径——从分配正义入手 … 087

第七章　财政透明度规则：国家治理现代化的现实路径之三 … 096
一、问题的提出 … 096

二、财政透明度规则的理论基础 ... 099

三、民主与法治视野中财政透明度规则的内涵 ... 103

四、财政透明度规则的现实路径 ... 106

第八章 政府信息公开制度实施：以中国市级政府财政公开为样本（2012~2014年）... 114

一、研究基础 ... 114

二、市级政府财政信息公开的主要进步 ... 115

三、市级政府财政信息公开的主要问题 ... 116

四、如何完善信息公开制度 ... 120

第九章 农村土地三权分置的法理逻辑——从政策和法律双重视角切入 ... 123

一、问题的提出 ... 123

二、三权分置的来龙去脉——从中央文件入手 ... 126

三、三权分置的主要争议 ... 128

四、三权分置的现实路径 ... 134

第十章 土地财政的历史观察：1988~2015年 ... 143

一、问题的提出 ... 143

二、土地财政的历史分析（1988~2015年）... 145

三、土地财政塑造当代中国税制 ... 148

四、土地财政往何处去？... 157

第十一章 中国农村土地制度的历史观察：1949~2016年——基于土地宪制的视角 ... 162

一、问题的提出 ... 162

二、中国农村土地制度的历史变迁（1949~2016年）... 165
三、中国农村土地制度的宪制分析 ... 168
四、中国农村土地宪制是中国城市化的基石 ... 176
五、中国农村土地制度完善之思路 ... 179
结　论 ... 184

第十二章　文件治国的历史观察：1982~2017年 ... 186
一、问题的提出 ... 186
二、文件治国的历史观察：1982~2017年 ... 187
三、“文件治国”的内在逻辑 ... 190
四、文件治国的异化 ... 194
五、文件治国的未来路径 ... 196

第十三章　项目治国和政府绩效：从县乡村治理切入 ... 199
一、问题的提出 ... 199
二、“项目治国”的历史观察 ... 201
三、项目治国的合理性分析 ... 203
四、项目治国的意外产品 ... 209
五、关于项目治国的结论和进一步分析 ... 212

主要参考文献 ... 216
后　记 ... 222

第一部分

古代中国社会治理的历史逻辑

第一章

中国古代法制和社会治理

古代中国社会，与其他的文明形态都不同，是一个长达数千年，如果用有文字记载来看，则拥有长达万年的文明形态。这样一种长期的文明形态，在全世界是独一无二的。在相当长的历史时期里，中国文明是独立存在的。对于中国这样一个大国而言，欧洲的小国家其实只能相当于中国的一个省，因而他们的很多理论实际上是很难对中国有很大的借鉴意义。而美国在疆域上是可以供我们借鉴的，但美国的文明历史很短，也就两百多年。这也决定了我们可以借鉴美国的经验，但很难移植其制度。这都决定了研究中国古代政治法律制度传统的价值。今天的中国学术界，对于西方学术的了解远远超过了对中国传统文化的了解。我们的教育就是一个典型的例子，学生从小学到大学，所学的东西除了语文外，基本都是西方的东西。传统文化固然有糟粕，要进行扬弃，但必须是建立在对传统文化深入了解的基础上，而不是因为自己不懂得传统文化同时又只学到西方的一些皮毛才批评传统文化。实际上，孟德斯鸠早在《论法的精神》中就提出法律是一个国家历史传统综合的产物。不同的历史、地理、宗教都会产生出不同的法律制度。法制和法治在严格意义上，都不是近代的产物。法治是一个稳定有序的生活状态，至于民主、人权都是后来才添加进去的。法治最基本的功能就是为社会提供一个稳定、可预期的秩序。在这个意义上讲，一个长期稳定的社会必然是法治而非人治。反过来说，一个短期、临时的朝代必然是朝令夕改的人治。欲灭一国，先灭其历史。日本在侵略中国时非常注重消灭中国历史和文化。所以研究中国古代社会的法制，尤其是几个长期稳定的王朝，如汉、唐、明、清，对于中国今天的社会转型有着非常巨大的理论意义。

古代中国社会，一个最基本的制度就是家国同构的宗法制。从西周开始，一直到今天，宗法制仍然深深地影响着中国社会。宗法制的基础是井田制。所谓井田制，是指经过精心整理的良田，按正南北和正东西的方向，有纵横交错的大小道路和灌溉沟渠，整治成十分方正的大小相连的方块田，犹如一个“井”字。以一井（约 4.5 英亩）作为一个耕作单位，由领主占有的公田占这个耕作单位全部耕地的 1/9，位居中央。由农奴获得的份地则占 8/9，围绕在公地四周，称为私田。通常认为商鞅废除井田制之后，商鞅授田制的一个主要土地特征，就是铲除了一切旧有形式的田界。秦孝公十二年（公元前 350 年），商鞅“为田开阡陌、封疆”。旧的田税制是社会生产向前发展的桎梏，商鞅对它进行了大刀阔斧的改革。商鞅“初为赋”，首先废除的就是井田制残余的助法。史称“废井田之制，毁什一之法”。接着推出了仅税私田的田税制。这种田税制的突出特征，就是私田之税开始主宰国家经济的乃至政治的命脉，成为国家贫富之所系。但是井田制的废除并没有完全消除宗法制的影响。宗法制的最大特点就是家国同构。家庭家族构成村落，村路构成国家，国家再构成天下。而这些都是建立在土地制度基础之上的。

在宗法制中，嫡长子制度是其中比较典型的制度。在数千年的中国历史中，权力和财富的传承制度，主要围绕选嫡还是选贤来进行。但总的说来，嫡长子制度有着非常高的合法性。因为嫡长子制度简单而容易实行，不容易引起争议和纠纷，但是选贤就比较容易引起纠纷。所以中国历史上兄终弟继是少数，多数是传承给嫡长子，即皇后所生的第一个儿子。凡是不遵循这个制度的，围绕着皇权必然有一场腥风血雨的斗争。比如唐高祖的几个儿子之争，清圣祖的九王夺嫡，都是因为嫡长子被废，所以东宫久悬，各个儿子便都有了僭越之心。而且即便是贤者上位，如果不是嫡子，合法性仍然会不够，往往非常致力于建功立业，以证明自身继承大统的合法性。比如唐太宗、雍正皇帝，都不是嫡子，所以都十分追求事功。康熙帝围绕太子胤礽，两立两废，正是因为顾虑其嫡子身份。雍正皇帝继位之后，有一半精力都在于打击八王党势力，并消除社会舆论对其继承帝位合法性的质疑。其原因也是因为他不是嫡子。

中国文化之初，道家影响最为深远，可以说法家、儒家某种意义上都是从道家分之出来的。老子是孔子的老师。孔子在拜访老子之后，三天没有说话。别人问他老子如何，他只说了四个字："其犹龙也！"到了董仲舒之后，汉武帝罢黜百家，独尊儒术，实际上把儒家的制度作为一种基本政治制度建立起来了。儒家的基本政治制度就是大学里面所讨论的"修身、齐家、治国、平天下"。在传统的以农耕文明为基础的社会中，这套政治法律制度是非常符合中国国情的，也被反复证明是十分有效的一种社会治理体系。他整体上主张一种由内及外的、内圣外王的政治模式。所以儒家所讨论的道德就是政治。而"修身、齐家、治国、平天下"又是通过春秋时期的井田制构建起来的。通过井田制度形成村落是春秋之前的普遍形式。井田制度，公田在中间，周围八块都是农民的私田，这样不仅是为了便于农民耕种公田，同时也是为了凝聚农民，形成村落。在当时人口比较稀少，生产力水平比较低下的情况下，通过这样一种简便易行的方式把农民聚集在一起生活，形成一种村落，不失为是一种简便易行的制度安排。所以，井田制在当时起到了齐家的功能。在当时那种生产力水平之下，一个村落的形成基本上就是以家族为单位来进行。把井田制进一步推广扩大，就是一个分封制的雏形。诸侯居中中间，把周边的土地分封给自己的儿子和卿大夫们，而卿大夫们向诸侯上缴贡赋，就构成了诸侯国。再把诸侯国进一步按照井田制扩大，周天子居于天下中央，诸侯国环绕周围，成拱卫京师之状，就构成了天下。在这个意义上讲，分封制就是把井田制加以放大的结果。正是在这个基础上，《大学》说："家齐而后国治，国治而后天下平。"井田制被废止之后，这种政治法律制度并没有被废除。虽然秦朝建立了郡县制，但是在两千多年的历史中，中国的皇帝一直在分封制和郡县制之间徘徊，之后的朝代基本上是采取两种政治制度的结合。

另一方面，中国古代社会也有一套成文法体系。但成文法只规定最严重和最重要的法律规则。公元前 536 年，郑国子产铸造了《刑书》，战国时候魏国宰相李悝起草制定了第一部成文法典《法经》，汉代萧何在《法经》基础上编撰了《九章律》。唐高宗永徽二年（公元 651 年），长孙无忌、李绩等在《贞观律》基础上修订，如将原《贞观律》名例篇中的"言理切害"，更为"情理切害"，并作郑重说明，"旧律云言理切害，今改为情理切害者，盖欲原其本情，广思慎罚故也"。最终，奏上新撰律 12 卷，是为《永徽律》。鉴于当时中央、地方在审判中对法律条文理解不一，每年科举考试中明法科考试也无统一的权威标准的情况，唐高宗在永徽三年（公元 652 年）下令召集律学通才和一些重要臣僚对《永徽律》进行逐条逐句的解释，"条义疏奏以闻"，继承汉晋以来，特别是晋代张斐、杜预注释律文的已有成果，历时 1 年，撰《律疏》30 卷奏上，与《永徽律》合编在一起，于永徽四年十月（公元 653 年）经高宗批准，将疏议分附于律文之后颁行。计分 12 篇，共 30 卷，称为《永徽律疏》。至元代后，人们以疏文皆以“议律”字始，故又称为《唐律疏议》。明代比较重视法制的建设与实践，其中历经三次大规模修订的《大明律》就是其中最重要的成果。《大明律》在中国古代法典编纂史上具有革故鼎新的意义。《大明律》适应形势的发展，变通了体例，调整了刑名，肯定了明初人身地位的变化，注重了经济立法，在体例上表现了各部门法的相对独立性，并扩大了民法的范围，同时在“礼”与“法”的结合方面呈现出了新的特点。它虽然以《唐律》为蓝本，但在形式和内容上都有发展。在形式上，结构更为合理，文字更为简明；在内容上，经济、军事、行政、诉讼方面的立法更为充实；在定罪判刑上，体现了“世轻世重”“轻其轻罪，重其重罪”的原则，“事关典礼及风俗教化等事，定罪较轻；贼盗及有关帑项钱粮等事，定罪较重”。其律文结构和量刑原则对《大清律》有较大影响。清统治者取得全国政权之初，暂用《大明律》。顺治二年（1645 年），即以“详绎明律，参以国制，增损剂量，期于平允”为指导思想，着手制订法典。顺治三年（1646 年）律成，定名为《大清律集解附例》，颁行全国。顺治十三年（1656 年）复颁满文本。康熙二十八年（1689 年），将康熙十八年纂修的《现行则例》附于律文之后。雍正元年（1723 年）续修，三年书成，五年发布施行。乾隆五年（1740 年），更名为《大清律例》，通称《大清律》。

古代中国社会，尤其是在汉以后，以儒家来治理天下，所以三纲五常成了中国古代实际上的“宪法”。君为臣纲，父为子纲，夫为妻纲，实际上是古代中国社会的基本政治法律制度。

所以中国古代社会某种程度上以孝治天下，儒家的礼其实扮演了法制制度的角色。当然在隋唐以后，律的地位有所提高，但是儒家的正统地位在宋以后得到了强化，因而礼法并立，礼优先于法是常态。而且上令止于郡县，法令主要在于对于刑事犯罪、危害国家统治犯罪、官员的惩罚等方面。同时，除了成文法之外，东汉董仲舒提出“春秋决狱”，主要用孔子的思想来对犯罪事实进行分析、定罪。即除了用法律外，可以用《诗》《书》《礼》《易》《乐》《春秋》六经中的思想来作为判决案件的依据。这实际上是把儒家经典直接作为司法审判依据，说明在中国古代社会，儒家的礼就是当时的法律规则。而在广大的乡村社会，主要是通过乡绅和家族的礼和孝来治理和维持。在城市和乡村二元社会的国情下，通过乡绅来治理广大农村是社会成本最低、最有效率的社会治理方式。作为老牌资本主义的英国，同样设立了太平绅士一职，其实质就是基层地方治安法官，但没有任何学历、资历资格要求，是由政府委任民间人士担任维持社区安宁、防止非法刑罚及处理一些较简单的法律程序的职衔。对于乡村社会的农民来说，他不愿意和那些乡里乡亲的人“撕破脸”闹上公堂，那么有这样一些太平绅士来进行协调处理就非常合适。这些太平绅士，不需要太多学历、资格证书，而是有声望、精通人情世故的长者。这对于今天的中国仍然有借鉴意义。即便我们正在进行如火如荼的城镇化运动，但是城乡二元社会结构仍然是长时期内我们一直要面对的客观国情，指望全国整齐划一的成文法来解决一切问题是不符合客观实际的。今天中国的乡村社会治理，不能依靠强制性的送法下乡来解决，也无法依靠大量的大学生村官来解决，更多的还是要依靠乡村自身有威望的处事公道的长者来治理。因为在广大的乡村，人情大于法律，威望重于知识，这与城市是截然不同的。

第二章

德法合一：中国特色社会主义法治的历史传统

一、问题的提出

如果从语义上进行严格的界定，德治与以德治国，法治与依法治国都存在一定的差别，但在目前的中央文件和普遍的学术话语中，对于“德治和以德治国”“法治与依法治国”基本上是同义使用，或者是混用的。〔1〕所以本书不在这些具体的“名”上进行过多的解读，而是更加关注“实”的问题。

法治，是全人类不同民族、不同文化的共同追求，中华民族是最早发现法治价值的民族之一。〔2〕主流的法学理论所理解的“法治”即良法善治。其中“良法”又包括秩序、公正、人权、效率、和谐等价值。“善治”则包括“以人为本”“依法治理”等内容。〔3〕实际上这些概念最早可以追溯到亚里士多德关于法治的概念。亚里士多德的法治概念包括两个要素：一个是良法，一个是普遍遵循。但是，是否是“良法”实际上在法律被制定时是无法判断的，因为“良好”是一个主观判断，不同

---

〔1〕 参见王淑芹、刘畅：“德治与法治：何种关系”，载《伦理学研究》2014年第5期；《习近平关于全面依法治国论述摘编》，中央文献出版社2015年版。

〔2〕 徐显明：“坚持依法治国和以德治国相结合——学习习近平总书记关于法治与德治关系的重要论述”，载《求是》2017年第6期。

〔3〕 张文显：“法治与国家治理现代化”，载《中国法学》2014年第4期。

的人对同一法律会有不同的判断，而不同时代的人对同一法律也会有不同的判断。所以亚里士多德的“法治”概念中这个“良”是无法被操作化的，更多的是一个学者们对于法律的判断。所以，“法治”的概念的核心，主要是是否存在被人们普遍遵循的规则。转换为中国话语，就是“不以规矩，不成方圆”。[1]法治是实践的，而不是玄思的事业。[2]法治不是学者们想象和构建的某种图景（参照先进国家经验），而是一个个普通人共同生活、生产中集体形成的大家都遵守的规则体系。国家只是将这些规则成文化，法学家也只是对这些规则进行解释而已。当然国家可以尝试引进和部分移植外国法律规则，但是这些规则能否成为中国法治的一部分，最终取决于一个个普通人是否能够长期遵守和认可这些规则，而不是取决于学者们认为这些规则是否符合某些抽象的价值（比如正义）。要理解当下中国法治建设中的依法治国与以德治国的关系，不可能只孤立地理解改革开放以来的历史，也不可能只是近代以来的中国历史，而是要对整个五千年的中国文明社会进行系统的理解和思考。剥离开古代中国社会，把法治看作完全西方的舶来品，希望于完全移植一套西方的法律制度，会面临水土不服，也无法解决中国的问题。有几个重大问题，法学界并未予以足够的关注：第一，古代中国是否存在法治，或者说依法治国？第二，如果古代中国存在某种意义上的法治，那么法治与德治的关系如何？第三，古代中国的法治与德治理论实践对于今天的全面推进依法治国有何借鉴意义？

〔1〕《孟子·离娄章句上》。

〔2〕苏力：《送法下乡》（修订版），北京大学出版社 2011 年版，第 8 页。

二、古代中国社会的法治是否存在?

流行的学术观点认为：古代中国是人治社会，儒家文明是一种等级秩序之下的人治社会。即便是法家，也是君主治理国家的手段，法家之法治是君主不受制约的法治，所以不是真正的法治。但是，这些学者们的观点并不符合历史客观，经不起仔细推敲。长沙马王堆出土的《黄帝四经》阐述了中国古代就有十分鲜明的法治思想。“道生法。法者，引得失以绳……执道者，生法而弗敢犯也，法立而弗敢废也。……刑名已立，声号已建，则无所逃迹匿正矣。”[1]黄帝进一步通过对蚩尤的战争，表达了不论是谁，如果违反了法治及天理，平民就可以讨伐君主，推翻其统治。这里的“天理”实质上就是古代的宪法。到了后来的法家思想，也未表示君主可以在法律之外。商鞅提出“赏厚而信刑重而必”[2]，而且主张“刑无等级”[3]。韩非也提出“法不阿贵”[4]。固然古代中国法律对于王公贵族贤德有特别刑法减免等特别程序，但这些不足以说明古代中国不存在法治。因为即便是今天各国的法律，仍然存在特赦程序。今天的刑法仍然对于未成年人给予特别对待，而即便是在成熟的法治国家（如美国)，对于黑人的歧视也一直存在。所谓法律面前人人平等并非是一个绝对的概念，而是一个理想和相对的范畴，其具体含义要在现实国情下考虑。就如同新中国刚成立时，《中华人民共和国婚姻法》就规定了男女平等的条款，但直到今天，民间社会仍大量存在的彩礼现象说明民间社会并不天然地接受

〔1〕《黄帝四经·道法》。

〔2〕《商君书·修权》。

〔3〕《商君书·赏刑》。

〔4〕《韩非子·有度》。

与自己习俗相反的法律规制，即便是以国家强制力为后盾的法律规范。

从“不以规矩、不成方圆”的观点来看，法治实质上是一种相对稳定而可以预期的状态。那么在古代中国社会，只要是相对稳定的长时期的王朝，就可能是一个法治社会。笼统地把古代中国的王朝定义为人治社会，是轻率而不客观的。我们阅读中国历史，就会发现除了开国皇帝〔1〕之外，大多数守成的皇帝都必须遵守许多祖宗礼法。皇帝本身并非是一个随心所欲的人，而是一个制度存在。实际上，不论是儒家还是法家，他们都以维持社会秩序为目的。只不过他们对社会秩序的观点和实现社会秩序的方法有差别。〔2〕以皇帝为例，在选择继承人的问题上，上古存在“兄终弟及”的规则，但后来逐步就被“嫡长子制度”所取代。但是无论是“立长”还是“立贤”，皇帝都只能在这二者中选择，而不能任意选择。这说明，即便是最高统治者，也必须遵守某些规则。〔3〕人们常常认为明朝是皇权专制时代，实际上黄仁宇的《万历十五年》中对明朝的很多描述，表明明朝除了开国皇帝之外是一个法律体系非常复杂的文官治理体系。恰恰由于包括礼法在内的法律体系过于严格，使得皇帝也必须遵守法律规则，比如在太子问题和皇太后名号问题上。而对于大多数老百姓而言，其实根本够不着成文法，主要是由乡绅来治理。只有严重的刑事案件才会到县政府来进行处置。古代地方官员通常其实没什么太多事情，这也才会出现很多地方官员（如苏东坡）整天游山玩水，把玩诗词歌赋的现象。因

〔1〕开国皇帝稍微不太遵守现有规则，是因为如果遵守现有秩序他就无法开国。但即便是开国皇帝，他也需要遵守一些基本的人们所认为皇帝必须遵守的规则，如孝。

〔2〕瞿同祖：《中国法律与中国社会》，商务印书馆 2016 年版，第 309 页。

〔3〕这些关于最高权力传承的规则，实质上就是古代中国社会的宪法规则。

为地方官员主要负责重大刑事案件，绝大多数纠纷都是由乡绅来处理和解决。由于在几千年的中华文明中，从先秦到明清，中国社会的生产力水平变化并不多，所以中国广大的乡村社会秩序也就出现了“天不变，道亦不变”的现象。

费孝通等社会学家也论述过皇权不下乡的历史事实，即中国的皇权并非通常人们想象得那么强大。乡土社会主要依靠血缘和绅权来进行统治。但是依靠血缘和绅权来进行乡村社会治理，并非意味着古代中国社会就是人治社会。恰恰由于乡土社会是非常静态和稳定的社会，这个社会是一个长期稳定的法治社会，乡土社会的人也都严格地遵守着各种习惯和规则。不论是中国的法社会学派，还是萨维尼所开创的德国历史法学派，其内在逻辑是一致的。法律就其产生而言，是某个特定国家历史的产物，其最初的主要形式就是习惯法，而非制定法。[1]至少在长达几百年的朝代里，中国古代社会很可能是法治社会。如果考虑到中国是一个农业文明成熟得非常早的社会形态，而城市又仅仅占整个社会的十分小的比重，乡村社会占整个社会的绝大多数比重，儒家思想[2]长期以来都是整个乡土社会遵循的规则，那么在除了战乱时期之外的和平时期，可以认为中国一直是一个相对稳定的法治社会。

三、古代中国社会的法治与德治：德法合一

基于中国古代社会的和平年代是法治社会的结论，我们再来探讨法治与德治的关系。进一步观察中国古代社会形态，我

---

〔1〕 参见［德］弗里德里希·卡尔·冯·萨维尼：《历史法学派的基本思想》，郑永流译，法律出版社 2009 年版，第 5~9 页。

〔2〕 儒家思想具体就以礼的形式表现出来。实际上，在古代社会，礼是带有一种强制性的社会规则。

们就会发现法治与德治并不矛盾，甚至在某种意义上，法治社会的形成还有赖于德治。实际上，中国古代社会统治的两种文化逻辑——儒家和法家——其实映射的就是德治和法治两种治理方式。“黄帝主张一种简单的法治和德治：法律面前人人平等……在法治与德治之下，人民甘愿被统治，‘受赏无德，受罪无怨，当也’。”〔1〕

所谓德治，与人治完全不同的概念。因为德治和法治都是一种规则之治，可以说法治是一种外在的德治，而德治是一种内在的法治。法治与德治有着紧密而不可分的关系。聪明的统治者在制定法律规则的时候就要考虑与道德的一致性，将符合道德风俗的规则制定为法律规则，便于社会遵从。商君书的第一篇就讨论了法治与德治的关系问题。“法者，所以爱民也；礼者，所以便事也。是以圣人苟可以强国，不法其故；苟可以利民，不循其礼。”〔2〕即不论是“法”，还是“礼”都要以人为本，以方便老百姓执行为原则。这实质上要求法律规则应该与人们的内在道德相符合，而不是相违背。因为与人的内在道德相反的法律规则很难得到执行，更不可能得到长期的执行。在这一点上，东西方的哲学家实际上是一致的。虽然哈特、凯尔森等实证法学派在西方长期以来有着深远的影响，但富勒关于法律的道德的论述〔3〕与孔子是内在一致的。即法律不可能摆脱道德而单独存在，甚至无法在两者中间进行清晰的划界。“道之以政，齐之以刑，民免而无耻；道之以德，齐之以礼，有耻且格。”〔4〕

---

〔1〕《黄帝四经·君正》。

〔2〕《商君书·更法》。

〔3〕详细可参阅［美］富勒：《法律的道德性》，郑戈译，商务印书馆2014年版。

〔4〕《论语·为政》。

孔子坚定地认为单纯依靠法律无法有效地治理国家和社会。但同时孔子也不认为单纯依靠道德就可以治理国家和社会，而是主张德治和法治并举。孔子主张“以直报怨、以德报德”，〔1〕这实际上就是法治中的比例原则，在刑法就体现为罪刑相适应原则，在行政法中就体现为适度性原则。孔子恰恰是反对“以德报怨”的，他认为“以德报怨，何以报德”？孔子不仅主张要实现法治的比例原则，而且主要法律不仅要考虑报应原则，而且要考虑到法律的未来后果，这也是法律报应性与预防性相统一的理念。这说明在两千年前的春秋时代，孔子就已经主张实行法治，而且是报应与预防相互统一的法治，符合公平与效率的双重统一理念。

但是从黄帝开始，一直到孔子都认识到单纯依靠法治无法实现最有效率的社会治理。因为法律是外在的统治，而道德则是内心的服从。过于依靠法律的外在强制，民风自然乐于争讼。孔子进一步认为社会问题最终根源在于个人内心，因此需要从道德内心入手。孔子认为：“听讼，吾犹人也。必也使无讼乎！”〔2〕孔子坚持司法的目的不在于让老百姓沉迷于诉讼，而是最终使得没有诉讼或者减少诉讼。这对于今天的中国法治建设有十分重要的意义。不要过于迷信通过司法来使得社会得到治理。司法只是一种最后的社会治理手段，是成本最为高昂的社会治理手段。法律适用的目的是为了减少老百姓的纠纷，是为了定纷止争，而不仅仅是实现抽象的正义。

总之，单纯的法治或德治都无法实现有效的社会治理。而且法治与德治并无矛盾之处。两者的关系可以用传统儒家的“内圣而外王”来概括。德治是通过对内在道德的规范来实现治

〔1〕《论语·宪问》。

〔2〕《论语·颜渊》。

理，而法治则是规范人们的外在行为。社会的治理立足于法治，但是法治的实现也依赖于德治。因为一个制度的实现在某种程度上还是依赖于个人道德水平。没有德治的法治就可能是希特勒德国[1]或者暴民之治。

全面地观察中国历史，法治与德治共同发力，即德法合一，是中国古代社会自古以来的治理经验。因为中国古代的政治、学术、文化并无严格分工，政治家、学术家和文学家都往往体现在一批人身上。这也是中国与西方国家之不同。所以中国古代学术家、政治家的思想与其实践是知行合一的，并非如西方社会一样，学术与政治有一个比较明显的分工。[2]黄帝本人既是一个君主，又是一个思想家。所以用西方的职业化身份来观察中国古代的人物，难免陷入以偏概全的境地。对于中国古代的思想家而言，他们的论述不仅是一种思想的表达，而且是其实践和行动的纲领，所谓诗言志。今天的学者常常把孔子看作是一个单纯的学者，甚至是一个不得志的学者，并不符合历史。实际上，孔子曾担任过鲁国的大司寇，代行宰相职权，是名副其实的政治家，并且在鲁国实践了其学术理想，只是最终没有完全成功而已。而孔子之所以失败，正是因为孔子不愿意采取不义的反叛之举。孔子坚持德治的理想，自然不能用不道德的方式实现其理想。后世很多中国的政治家，都信奉并实践了类似的举动，即德治与法治并行，如晚清的曾国藩、李鸿章等。这也是中国古代社会道统的一条主线。

---

〔1〕 参见廖凯原：“《黄帝四经》新见：中国法治与德治科学观的反熵运行体系”，载《环球法律评论》2011年第2期。

〔2〕 比如西方在罗马时代，就产生了一个比较职业的法学家群体，他们地位显赫，但却与政治家有着明显的分工。

四、当代中国全面推进依法治国的主要问题

鉴古可以知今。分析古代中社会的法治与德治是为了分析和解决当前中国社会治理。目前，中国的治国理政方略要把握三个方面的因素，即“中国特色社会主义法治建设需要正确处理三个传统……传统社会的礼法传统、西方社会的法治传统以及社会主义的法治传统之间的关系”，〔1〕学者甘阳所谓的“新三通”就是类似的观点。实际上，中国学术界已经认识到拿来主义的时代已经过去，当代中国全面推进依法治国的主要问题是当代中国的现实问题，而理论武器则必须立足于自身国情，必须内生于中华文化传统，否则便会水土不服。

中国共产党自身的历史就是一个经典案例。早期处处学习马克思主义的教条，把莫斯科的指示奉若神灵，结果处处碰壁，后来在毛泽东等同志的摸索之下，逐步在中国化的理论指导下，才一步步取得了胜利，夺取了政权。毛泽东思想为什么能带领中国共产党一步步从弱变强，有一个最大的原因，就是结合当时的国情，从实践出发，在充分调查研究的基础上，来解决问题。中国共产党取得成功的秘诀有三大法宝：“党的建设，武装斗争和统一战线。”〔2〕三大法宝中最重要的就是党的建设。这也是为什么习近平总书记反复强调中国特色社会主义的核心是党的领导的思想渊源。实际上，三大法宝的经验总结最主要是中国革命实践自身的经验总结，与西方理论并无太大的关联。

所以，在研究当代中国全面推进依法治国的过程中，最主

〔1〕 叶方兴：“德法互济、协同共治——‘德治与法治：治理的逻辑与路径’学术研讨会纪要”，载《道德与文明》2015 年第 6 期。

〔2〕 参见毛泽东在 1939 年 7 月 7 日华北联合大学（中国人民大学前身）开学典礼上的讲话。

要的可能是对当代中国社会治理的经验教训进行总结，其次才是传统文化和舶来文化的经验教训。本书之所以研究古代中国社会的法治与德治，主要是破除一些流行的错误观念，才能为当代中国社会的法治建设提出有价值的思路。

（一）法治建设是否优于经济建设?

全面推进依法治国是党中央在十八届四中全会的纲领性文件中提出的。这让很多人认为:“过去三十年搞经济建设为中心，现在主要应该集中精力搞法治建设。”言下之意是法治建设将取代经济建设成为党和政府的首位工作。今天中国社会的很多问题，并非是由改革开放和经济建设所带来的，恰恰是经济体制改革依然不到位的产物，即市场经济还没有充分发展，市场在资源配置中还未起到决定性作用，政府与市场的关系还未调整到位，发展还不够充分。所以十八大报告和十八届三中全会决定对这个问题已经回答得非常明确:“全面深化改革，必须立足于我国长期处于社会主义初级阶段这个最大实际，坚持发展仍是解决我国所有问题的关键……经济建设为中心，发挥经济体制改革牵引作用，推动生产关系同生产力……经济社会持续健康发展。”〔1〕

全面推进依法治国，是党中央做出的战略决策，其目的仍然是立足于社会主义初级阶段的基本国情，进一步促进经济社会全面发展，提高人民的物质和精神文化水平。而很多问题，比如贫困问题，跨越中等收入陷阱等问题，仍然需要通过经济社会的进一步发展来解决，而不可能仅仅通过法治建设就能够予以解决。十八届四中全会与三中全会决定是姊妹篇，是车之两轮，不可偏废。法治建设相比经济建设并无绝对的优先次序。

〔1〕 参见十八届三中全会决定。

（二）德治与法治是否矛盾？

第二个比较大的问题就是很多人讳忌谈以德治国，将德治与人治混淆。本书研究了中国古代社会的法治与德治，正是要破除此种谬误。研究中国古代社会，也破除了法治是西方社会独特的产物的迷信。长期以来，学术界有一种偏见，认为法治是商业文明社会独有的产物，也就是认为法治是商业文明和现代化的产物，古代中国社会充其量只有一些法律制度，不能说存在法治。[1]这其实是一种把法治意识形态化的结果。他们的潜台词就是法治是资本主义社会的产物，是先进社会的形态之一。但如果按照亚里士多德的法治三要素[2]，那么法治就不一定是资本主义社会的独有产物。

古希腊、古罗马就已经存在法治社会，进一步推断，中国古代的周朝、汉朝、唐朝、宋朝、明朝、清朝也都存在法治社会。因为按照前文的分析，包括皇帝在内的贵族平民都受到宪法与法律的约束。当然，在宪法与法律之下，皇帝、贵族和平民受到有区别的对待，这意味着平等是有限制的平等。但想一下，美国20世纪70年代最高法院仍然对黑人作出“隔离但平等”的判决，难道美国直到20世纪70年代还不是一个法治社会吗？如果说法治社会其实更主要是每个人都受到法律规则的约束的话，那么毫无疑问中国社会在很早的时候就是一个法治社会。

进一步说，黄帝时代就已经看到法治不能孤立存在，而是依赖于德治的共同发力。首先是法律本身要以人为本，便于人民执行，其次是统治者要以人为本，以德为先，那么人民自然

---

〔1〕大多数法学教科书在总论中谈到法治的起源时，都认为其是19世纪后半期才开始存在的。

〔2〕即良法、法律之治、普遍遵从。

会遵守法律。德治并非人治，而是内心的遵循。这与西方思想家的观点是一致的。“有两样东西，我们愈经常愈持……敬仰和敬畏：头上灿烂的星空和心中的道德律令！”〔1〕不论是中国古代的儒家，还是法家，其实都是主张一种规则之治，只不过侧重点不同。儒家更加强调作为社会规则的“礼”，而法家则更强调作为成文规则的“法”。不论是“礼”还是“法”，对于社会而言，从功能主义的视角来看，并无本质的区别。正所谓“汉家自有制度，本以霸王道杂……纯任德教，用周政乎”。〔2〕纯粹的德治无法施行，而纯粹的法治就如同秦朝一样短命，这正是中国历史的经验总结。法治与德治缺一不可，而且必须互相补充。

（三）法治不彰是否是信仰问题？

第三个流行的谬误就是“法律必须被信仰”。很多学者都认为，法治之所以不彰显，主要是宪法与法律权威不够，所以要加大普法宣传和教育，使得全体人民信仰法律，然后就离法治不远了。在这个理念之下，出台了系列措施，比如设立“国家宪法日”〔3〕，“公职人员宪法宣誓制度”〔4〕。通过普法和宣誓可以起到一定的作用，但是如果认为法治不彰显的主要原因是人民的理想信念有问题那就走偏了。

人民不仅仅是被教育的对象，而且历史往往证明“人民群众是历史的创造者”，尽管是以“历史的合力的方式表达出来”。人民之所以不相信法律，而更青睐于信访，并非是人民的信仰

---

〔1〕［德］康德：《实践理性批判》，韩水法译，商务印书馆2015年版，第177页。

〔2〕《汉书·元帝纪》。

〔3〕2014年11月1日第十二届全国人民代表大会常务委员会第十一次会议通过设立国家宪法日为12月4日。

〔4〕2015年7月1日第十二届全国人民代表大会常务委员会第十五次会议通过《全国人民代表大会常务委员会关于实行宪法宣誓制度的决定》。

有问题，而是说明目前的法律不好用。至于为什么法律不好用，有可能有多种原因：比如说法律不符合实际，法律不便于人民使用，或者法律的使用成本太高。如果联系到前文对《黄帝四经》的分析，就会发现法治之所以不彰显，很可能是没有德治，即立法者没有以人为本，制定出来的法律不符合实际，不便于人民实施。法律应该是历史和实践的产物，而非某种先进理念的灌输或者教育。法律首先是一种工具，而且其最大的作用仍然是工具意义上的。把法律看作是一种人民必须信仰的宗教，是一种偏颇的观点。即便是宗教，发展到今天，也是允许人们进行思考和选择的。[1]法治也好，德治也罢，并非是一种宗教，只是人们经过理性思考后发现的较好的治理方式。所以，法治之所以还没有彰显，恰恰是经济社会发展不充分，人们[2]思维不够理性的结果，并非人们信仰不够。如果人们发现法律规则能够最有效率地保障自身的人身权利和财产权利，那么法治自然就实现了。所以，全面推进依法治国，可能首先是要推进立法者的法治思维，制定符合人们实际的、高质量的法律规则。

五、全面推进依法治国与以德治国的现实路径

从功能主义出发，从事实而非理念出发，可以发现法治并非是西方的产物。中国古代社会，至少在和平年代的数百年的王朝，不可能是一个东方专制主义所能概况，而是一个非常成熟的法治社会，只是并非是那种为“多党政治”“三权分立”捆绑的“现代法治”。这个法治社会是一个君权与相权分权的、分封与郡县制约的、家国同构的法治社会。而且自黄帝开始，中

---

〔1〕 新教的诞生，实际上就是给予个人关于宗教信仰的自由思考和选择的权利。

〔2〕 这里的“人们”不仅包括普通公民，也包括制定法律规则的立法者们。

国就是一个主张德法合一，通过法治、德治并举来实现社会最佳治理的国家。而且这套理念在中国几千年的政治实践中，被有效实施。虽然更为人们所熟知的话语体系是“外儒内法”[1]，“霸王道杂之”[2]，但从功能主义来分析，这与德法合一并无二异。正因如此，面对当代中国的法律实践中所存在的前文分析的问题，我们应该旗帜鲜明地从传统中国社会治理中汲取营养，采取相应举措来予以解决。

（一）客观认识全面深化改革与全面推进依法治国的关系

十八届三中全会与十八届四中全会是姊妹篇，但是十八届三中全会在次序上优于十八届四中全会。在改革与法治的关系中，改革是第一次序，法治是第二次序；改革是目的，法治是手段。改革的核心是经济体制改革，而法治的核心手段是立法和执法。经济体制改革的关键是处理好政府与市场的关系，所以如果用一句话来归纳十八届三中全会和十八届四中全会就是要实现政府与市场关系的法治化。经济建设仍然是解决当代中国存在的各种问题的基础，甚至是法治社会最终形成的基础。当经济社会逐步摆脱了高速发展阶段，社会进入平稳发展阶段[3]时，社会自然会进入到相对稳定的法治社会阶段。基于此种认识，在推进社会改革与推进依法治国时，要把握好这个关系。对于事关全局的重大改革，固然要于法有据；但是对于局部的中小型改革，可能仍然是鼓励地方实验主义，大胆创新，试点基础上稳步推广再进行立法，不可太局限于普通层级较低的法

---

〔1〕人们常常称呼管仲、王安石、张居正等政治家为外儒内法人物。

〔2〕《汉书·元帝纪》。

〔3〕经济社会的高速发展阶段和平稳发展阶段是相对的，但至少今天中国（每年6.5%）的经济增长速度在全世界范围来看，仍然是高速发展和快速转型阶段。在这个阶段，各种生产关系（包括上层建筑）很难稳定下来。当经济社会进入到相对平稳阶段时，如欧美国家，如果是年增长率能到3%都是十分罕见了。

律规章。

（二）德治是中国社会治理的重要支撑

鸦片战争和甲午战争的屈辱让当今部分学者失去了对中国传统文化的自信。但换个角度来看，抗日战争、朝鲜战争、越南战争则展现了中华文明顽强的生命力。不少学者似乎认为抗日战争是因为美苏介入，才能使得中国最终战胜了日本。但实际上用辩证法来看，外援是重要因素，内因才是根本和决定性的因素。美苏介入固然重要，但只是加速了战争的结束而已，根本上原因还是因为毛泽东同志在《论持久战》中所言："第一是中国抗日统一战线的完成；第二是国际抗日统一战线的完成……是日本国内人民和日本殖民地人民的革命运动的兴起。就中国人民的立场来……条件中，中国人民的大联合是主要的。"〔1〕

五四运动后，从"打倒孔家店"到"文化大革命"的思路实际上都是试图彻底摆脱中国传统文化，与传统文化分道扬镳，但现在看来似乎做不到。中华文明太深远了，尤其是西方文明越来越暴露出其内在的危机，使得学术界需要越来越客观地研究传统中国文化。中国历史上被异族打败的案例并不少，但是中华文明能够延绵不绝，关键就是中国文化的生命力十分强大。在法治与德治的关系上，古代中国社会仍有其可以借鉴之处。

（三）德法合一是中国特色社会主义法治的必然选项

客观地看待法治在社会治理中的作用，并非是认为法治不重要，而是要看到法律只是社会治理中的一种重要手段。之所以强调法治，在于前些年在维稳思路之下，过于强调稳定，以人治思维来解决稳定问题，造成社会治理成本高昂的后果。信

---

〔1〕 参见毛泽东："论持久战"，载《毛泽东选集》（第2卷），人民出版社1991年版，第443页。

访居高不下就是这种治理思路下的遗留产物。

笔者在湖北、江西、上海、河北的县乡调研〔1〕中发现，目前信访已经成为一条完整的利益链条，这个链条上的每个部分都试图在这个利益链条中获利。利益链的最底端是上访访民，顶端是国家信访局的官员，中间还有驻京办及北京区县的基层派出所等相关部门。基层干部的一个结论就是要从始至终平等地对待每个老百姓，比如在拆迁过程中。平等地对待所有人其实就是一种法治思维。〔2〕但是法治仍然有很多局限，比如法治往往是事后主义，即主要是产生后果了才发挥作用。即法治主要规范人们的行为。比如在反腐败问题上，党中央通过八项规定等规则和打虎行动逐步实现了“不敢腐”和“不能腐”，但最高境界是“不想腐”。前两者可以通过法治来实现，但是“不想腐”则不可能通过法治来实现，而必须靠德治来实现。

“领导干部要不忘初心、坚守正道，必须坚定文化自信。”〔3〕总书记这里所说的“正道”，其实就是道德。中国传统文化最大的特点就是主张“内圣外王”，即外在事功是内在道德的外化。客观上，对于高级干部而言，外在的压力是治标，更多的还有依靠内在道德修养。否则监督成本太高，而且始终存在一个“道高一尺、魔高一丈”的问题。如果一个人的道德水平很低，而其又在非常专业的领域内，从事违法犯罪活动的监督是非常困难的。比如在金融税务领域，我们的监督其实是非常困难的，根本上还是要从内在入手，正所谓“大学之道、在明明德、在亲民、在止于至善”〔4〕。

---

〔1〕 也包括笔者与中央党校相关学员的大量访谈。

〔2〕 即法律面前人人平等。

〔3〕 参见习近平在十八届中纪委第七次会议上讲话。

〔4〕 参见金良年撰：《大学译注》，上海古籍出版社 2010 年版，第 5 页。

总之，德法合一的治理思路是中国古代法治的核心要旨。中国特色社会主义法治，须内生于中国文化，同时立足于当代中国的法治实践，这都使得我们必须同时重视德治和法治。西方文明中单纯依靠法治，或者说过于依靠法治，使得社会治理成本极其高昂，这都我们要汲取的教训。如果能够德法合一，就能极大地降低我们的社会治理成本，实现中华民族的弯道超车，走出一条符合自身发展实践的中国特色社会主义法治道路。

第三章

中国古代税制的历史变迁

——从宪制切入

一、问题的提出

关于古代税制的研究最早可以追溯到20世纪20年代史观派和史料派的争论。“史观派的胡汉民、廖仲恺视史实重建为中心任务，史料派的胡适以史料整理为首要工作。前者侧重于井田制的经济史分析，努力借取西方社会科学的成果和方法。后者着眼于井田的史料沿革，谨守广搜精考、穷源毕流的清儒成法作为方法之争的井田制辩论，对井田制持肯定态度的史观派最终占了上风。”〔1〕“所谓井田制，是指经过精心整理的良田，按正南北和正东西的方向，有纵横交错的大小道路和灌溉沟渠，整治成十分方正的大小相连的方块田，犹如一个‘井’字…由领主占有的公田占这个耕作单位全部耕地的九分之一，位居中央。由农奴获得的份地则占九分之八，围绕在公地四周，称为私田。”〔2〕根据《左传》中反映的有关历史资料，以及金景芳先生《论井

〔1〕 陈锋：“1920年井田制辩论中唯物史观派与史料派的初次交锋”，载《文史哲》2003年第3期。

〔2〕 孙圣名：“井田制兴衰的新制度经济学分析”，载《经济评论》2005年第6期。

田制度》中的有关论述可以看出：自进入春秋以后，由于社会生产力的发展和政治的、经济的各种原因，井田制由全盛而走向瓦解，这时以私有制为基础的土地所有制开始萌芽，并逐渐成长起来。[1]通常认为商鞅废除井田制之后，商鞅授田制的一个主要土地特征，就是铲除了一切旧有形式的田界。秦孝公十二年（公元前350年），商鞅"为田开阡陌、封疆"。旧的田税制是社会生产向前发展的桎梏，商鞅对它进行了大刀阔斧的改革。商鞅"初为赋"，首先废除的就是井田制残余的助法。史称"废井田之制，毁什一之法"。接着推出了仅税私田的田税制。这种田税制的突出特征，就是私田之税开始主宰国家经济的乃至政治的命脉，成为国家贫富之所系。[2]但需要注意的是，商鞅实行的授田制并非土地私有制，而是伴随着收田的土地国有制。农民被授予的土地实际上只是土地使用权。《张家山汉墓竹简·二年律令》载有大量授田律文，这是迄今所能见到的自先秦以来普遍授田制的第一个较为详备的法律文本。总体来看，《二年律令》中所反映的土地配置方式，基本属于土地国有制下的国家授田制。大致说来，在国家授田制的总框架下，土地的配置即授受分配有两种基本方式，即始授予与再分配。[3]但近年有学者对战国授田制的性质提出了质疑，认为战国时期的授田制就是土地私有制。"'授田'来源于国有土地，但授予后即归被授予者所有，与'分田'都属于私有土地。……战国土地可以继承、转让和买卖的事实说明，战国土地所有制的基本形式是土地私

〔1〕 金景芳：《论井田制度》，齐鲁书社1982年版，第57页。

〔2〕 严宾："商鞅授田制研究"，载《复旦大学学报（社科版）》1991年第5期。

〔3〕 张金光："普遍授田制的终结与私有地权的形成———张家山汉简与秦简比较研究之一"，载《历史研究》2007年第5期。

有制，而不是土地国有制。”〔1〕一直到北魏年间均田制的产生，才宣告新税制的诞生。“北魏孝文帝太和九年（485 年）颁布均田令，标志着均田制的产生。均田制与拓跋族早期的土地制度有着密切的联系，是从‘计口授田’制发展而来，并且还保留了氏族公社土地关系的某些原则……西晋占田、课田制的基础上产生的。”〔2〕《唐令·田令》的完整复原使我们对唐田令有了完整的认识，也使许多长期有争议的重大问题得以解决。如由此可确认有唐一代《田令》未做实质性修改；唐律令承认私田合法存在；《唐令·田令》既包括基本原则，也包括十分细致的实施细则。《田令》对民户各种应受田对象、应受田额等的规定，都很明确具体。〔3〕唐代前期，……封建国家既要给予贵族品官多占有土地的特权，又要保持自耕农民的一小块土地，因而采用了按品级高下（自亲王至庶民）可以占有顷亩多少不同的私田管理制度——均田制。〔4〕公元 780 年，唐德宗接受宰相杨炎的建议，实行“两税法”改革。“两税法”的主要内容：以资产为宗，即按土地、财产的多少来确定应纳税额……一律折合成钱币交纳；统一征收时间，两税法规定每年纳税时间分夏秋两季。〔5〕“按资纳税”和“以钱为税”是两税法不同于租庸调法的主要之处。从唐代经济发展的过程看，安史之乱前，

〔1〕 李恒全：“论战国土地私有制——对 20 世纪 80 年代以来战国授田制观点的质疑”，载《社会科学》2014 年第 3 期。

〔2〕 武建国：“建国以来均田制研究综述”，载《云南社会科学》1984 年第 2 期。

〔3〕 杨际平：“《唐令·田令》的完整复原与今后均田制的研究”，载《中国史研究》2002 年第 2 期。

〔4〕 王永兴：“论唐代均田制”，载《北京大学学报哲学（社会科学版）》1987 年第 2 期。

〔5〕 吴庆阳：“从‘两税法’到‘分税制’——中央地方博弈下的财政税收制度”，载《开发研究》2009 年第 3 期。

租庸调制已难于继续维持下去……而安史之乱后唐代财政重心南移，则将两税法的产生与南方地区经济发展的现状紧紧地联系了起来。[1]以两税法为主体的赋税制度变革，对唐代农民家庭和农村生活产生了重要影响……商品性农业和农产品的商品化迅速发展，商品交换的场地如草市、墟市等也开始向城市转化。[2]两税法包含了户税，但相对田亩税来说，它是比较次要的。唐末五代，田亩税在两税中的地位日益重要，到了宋代，两税已完全是指土地税。[3]中唐以后，随着中国封建社会的继续发展，地主土地所有制日益巩固，以后再也不能实行“占田制”与“均田制”。所以中唐以后，中国历代的赋税制度莫不主要根据土地与助产征税，甚至丁役亦实行“量地征丁”的办法。[4]两税法施行后，在庄园经济发达的基础上，手工业和商业又有了进一步的发展。尤以商品交换，表现得更加活跃，手工业生产扩大，促进了商业的繁荣。此外，水陆交通运输的发展，也对商品交换活动起到了促进作用。[5]之后宋代王安石变法，主要在于内政，尤其是免役法、青苗法和保甲法。尤其是前面两个集中于理财。免役法实际上是把差役改为赋税，本来具有进步意义，与两税法的精神是一致的，但在操作过程中实质变成了新增税种，即旧的差役没有废除，又增加了新的役钱。这就变成了变

---

〔1〕 袁英光、李晓路：“唐朝财政重心的南移与两税法的产生”，载《北京师范学院学报》1986年第2期。

〔2〕 张安福：“两税法改革对唐代农村社会的影响”，载《首都师范大学学报（社会科学版）》2006年第2期。

〔3〕 张泽威：“论田亩税在唐五代两税法中的地位”，载《中国经济史研究》1986年第1期。

〔4〕 胡如雷：“唐代两税法研究”，载《河北天津师范学院学报》1958年第1期。

〔5〕 王复华：“试论两税法的财政改革及其对唐中、后期经济的影响”，载《中央财政金融学院学报》1994年第1期。

相盘剥百姓来充实财政的事实，为变法失败埋下了源头。〔1〕经历了唐两税法和宋王安石变法，差役制度并非被真正废除，到了明朝仍然是非常主要的百姓负担。洪武十三年（1353年）朱元璋以摇役不均，命编造黄册，定里甲制。次年，诏天下府州县编赋役黄册，以一百一十户为里，推丁多者十人为长，余百户为十甲，甲凡十人，岁役里长一人，管摄一里之。〔2〕从宋代的免役法到明代的一条鞭法，我们可以明显地看到……一条鞭法变革的最突出之处——赋役全面折纳银两——是这一时期商品货币经济发展的产物，显然，徭役以及赋税折银必须以农产品的商品化为前提。〔3〕雍正元年（1723年），直隶巡抚李维钧奏请“丁银摊入田粮之内”，户部议复：“应如所请，于雍正二年为始，将丁银均摊地粮之内”〔4〕。第二年又规定：“丁摇与地赋合而为一，民纳地丁之外，别无摇役。”〔5〕至此，发起于唐朝两税法的人丁税向财产税的改革终于大功告成，人头税终于被取消。纵观这段历史，便可发现税制的演变绝非政治家的主观设计，而是社会经济发展的情势使然。用财政社会学的方法从宪制层面解读中国税制，是一种崭新的研究思路。

二、古代中国税制的历史观察——从宪制切入

仔细观察上述中国历史上四个阶段的税制，可以发现税制的改革与变化与中国宪制的基本问题——国家如何构成——是高度相关的。这里面又包括三个方面的问题，“一是如何令遍布

---

〔1〕参见王曾瑜：“王安石变法简论”，载《中国社会科学》1980年第3期。

〔2〕（明）陈仁锡：《皇明世法录·卷三九·黄册》。

〔3〕樊树志：“一条鞭法的由来与发展——试论役法变革”，载《明史论丛》1982年第0期。

〔4〕《世宗实录·卷一一·雍正元年九月》。

〔5〕《康熙纪政·卷三·纪丁随地起》。

中国大地，无论北方南方的每个农耕村落的人们有效合作，形成内部的秩序并得以长期维系。二是基于村落，……或是主动拓展南方，将散落各地的小国寡民逐步融入和纳入以中原农耕文明为中心的政治文化传统中。”[1]这三个问题，可以用齐家、治国、平天下三个词语来对应。在三个问题中，治国是核心概念，即如何把散落的村落凝聚为一个政治共同体。这三个问题的解决，依赖于一系列的政治制度安排，在不同阶段又表现为不同形式，税制则是观察三个基本问题解决方式的最佳窗口。

（一）齐家、治国、平天下如何成为可能——井田制

井田制的实施时间主要是在春秋之前。这个时间段又被称为“三代”。由于这个时期国家实行分封制，天子虽然名义上是天下的共主，但实际上天子把土地分封给不同等级的贵族，因而实质上井田制是建立在宗法制基础上的贵族土地所有制。在井田制中，天子是名义上所有公田和私田的所有权者，而贵族按照其爵位高低是其封地公田、私田的实质所有权者，农民则是私田的使用权和收益权者，同时对公田负有耕种义务。农民对于领主的主要义务是耕种公田，但对于私田的收益是归农民自身的。农民对于领主的土地具有一定的人身依附性，但是相比欧洲的庄园来说，井田制下的农民具有较自主的性质。

通过井田制度形成村落是春秋之前的普遍形式。井田制度，公田在中间，周围八块都是农民的私田，这样不仅是为了便于农民耕种公田，同时也是为了凝聚农民，形成村落。在当时人口比较稀少，生产力水平比较低下的情况下，通过这样一种简便易行的方式把农民聚集在一起生活，形成一种村落，不失为一种简便易行的制度安排。所以，井田制在当时起到了齐家的

〔1〕苏力：“何为宪制问题——西方历史与古代中国”，载《华东政法大学学报》2013年第5期。

功能。在当时那种生产力水平之下，一个村落的形成基本上就是以家族为单位来进行。把井田制进一步推广扩大，就是一个分封制的雏形。诸侯居于中间，把周边的土地分封给自己的儿子和卿大夫们，而卿大夫们向诸侯上缴贡赋，就构成了诸侯国。再把诸侯国进一步按照井田制扩大，周天子居于天下中央，诸侯国环绕周围，成拱卫京师之状，就构成了天下。在这个意义上讲，分封制就是把井田制加以放大的结果。正是在这个基础上，《大学》说："家齐而后国治，国治而后天下平"。[1]

井田制不仅成功地把村落和国家组织了起来，而且在当时生产力水平低下的情况下，构建了一个简单易行的税收制度，即一块公田和八块私田的制度，相当于八个农户供养一个领主的制度。尽管效率比后世的制度要低，但在封建制度之下和生产力水平较低的背景之下，这是一个比较节约成本又容易操作的税收制度。公田和私田很近，而且距离每个农户的距离等同，比较节省体力，同时又比较公平，而且八个农户之间还可以相互监督，是一个非常高明的税负制度。

（二）齐家、治国、平天下如何成为可能——授田制

任何制度实行久了之后，其弊端都会显现出来。井田制实行久了之后，公田逐步被大家荒废的现象越来越严重。与此同步，周天子式微，诸侯们也都不再向周天子缴纳贡赋。[2]商鞅变法废止了井田制，转而推行授田制，这是一次大的变革。董仲舒认为我国封建土地的买卖祸起商鞅，故曰："至秦则不然，用商鞅之法，改帝王之制，除井田，民得卖买，富者田连阡陌，

---

〔1〕 金良年撰：《大学译注、中庸译注、论语译注》，上海古籍出版社 2010 年版，第 5 页。

〔2〕 比如齐桓公攻打楚国的理由就是楚国不再缴纳周天子的贡赋。

贫者无立锥之地。”〔1〕多数学者认为授田制实际上确立了土地私有制，即土地可以自由流转，尽管政府在一定条件下可以收回土地。〔2〕连当时的将军们也莫不抱有兼并土地的心态，此即秦始皇时“授民授疆土”的赏赐制度。如王翦奉命伐楚前，向始皇请赐美园田宅便是一例。秦始亦设立军功爵：如斩获敌人一首级者，便可“赐爵一级，益田一顷，益宅九亩”。〔3〕实际上在商鞅废止井田之前，齐国管仲实行“按田而税”，晋国实行“作爰田”，鲁国实行“初税亩”，楚国实行“量入修赋”。这些税制改革实际上都是从井田制向新的税制转变的一种形式。这些税制改革与授田制一样，都促进了土地的私有权利，并且鼓励土地的交易流转。从制度经济学的视角来看，这些税制的改变起到了激励各级阶层建功立业的功能。所以实行税制改革的这些诸侯国都曾经在春秋时期称霸一时，但最后统一六国的是秦国，因为其他国家都是在保留井田制基础上的改良，而商鞅变法则是对井田制的彻底废止，标志着一种新的社会制度的建立。

那么这种新的制度如何使得“齐家、治国、平天下”成为可能呢？到了战国后期，随着生产力的提高，尤其是铁器的使用，使得各个家庭独立进行耕种的能力大大提高，所以对于战国时代而言，齐家（村落）不再依赖于一起耕种来达成，而依赖于技术水平的提高。那么对于治国而言，则是一系列包括军功制度在内的奖励制度极大地激励了贵族和农民建功立业。只

〔1〕（汉）班固：《汉书》，中华书局 1962 年版，第 1137 页。

〔2〕但是授田制严格意义上并没有授予军功者土地的产权，之所以可以转让，类似于今天的小产权房。

〔3〕钱穆讲授，叶龙记录整理：《中国经济史》，北京联合出版公司 2014 年版，第 32 页。

要不断积累军功，就可以不断获得国家的授田。而且土地之间可以流转，所以个人可以通过土地流转来积累自己的财富。而土地的流转和财富的积累其实是需要一个强大的国家和政府来保有的。这对于把村落聚集在一起构建一个国家是十分有利的。进一步来说，商鞅所建立的军功勋爵制度和授田制度，不断向中原推进，最终吞并了六国，从而实现了“平天下”。因为战国时代，整体上地广人稀，还有大量的土地可以开垦。先前的井田制度把农民和贵族牢牢地控制在土地之上，但是时间久了，农民只关注自己的私田，进一步说，诸侯不再向天子缴纳贡赋。之后，周天子式微，诸侯之间因为争夺土地则纷争不断，亟须社会制度的变革。各国纷纷实行变法，首先便是土地税赋制度。最终，商君之授田制度最为彻底，在战国七雄中胜出，取代周天子，一统六国。

这种新的土地制度也伴随着相应的财政税收制度。笔者认为，授田制并没有完全授予享有军功者完整意义上的土地所有权，因为授田是不能被继承的，而且可以根据国家法律随时收回，所以这是一种有限的产权。但即便是这个有限的产权，也大大激励了军功阶层，而且由于这个有限的产权有了明确的产权人，所以产权人在其持有土地期间，必须向国家缴纳一定的税负。因此这个土地制度所伴随的税制对于国家财政力量的增强也是大大有利的。相比之下，之前的井田制度之下，各级贵族和诸侯长期拖欠周天子的贡赋，授田制背后的税制也是十分先进的，从两个方面激励了社会生产力的发展。

（三）齐家、治国、平天下如何成为可能——均田制

授田制历经秦、汉、三国、两晋、南北朝，在北魏时期最终瓦解，均田制应运而生。商君之授田制极大地鼓励了大家建功立业之欲望，从而一统六国，终于在周朝覆灭之后，使得华

夏民族再次走向统一。那么授田制为何又会在实行八百年之后再次衰落呢？一个重要的原因可能是授田制使得土地大规模的流转。大规模的土地流转最终的结果就是土地兼并。土地大规模的兼并的结果就是形成了士族和庶族之分。那些大地主们掌握了天下最多的财富，政府的官职也渐渐为他们所把持，因而成为世代相传的士族。汉朝的察举制和南北朝的九品中正制是其选拔官员的主要途径。如果说汉朝的察举制〔1〕还是带有选贤任能的色彩的话，三国、两晋、南北朝的九品中正制便是中央政府无奈的选择〔2〕。比如当时的曹魏政府依赖于夏侯家族，东晋政府完全依赖于王、谢两大豪门望族，正所谓“旧时王谢堂前燕，飞入寻常百姓家”〔3〕正是当时政治的写照。以致出现了“上品无寒门，下品无士族”的现象。中央政府依赖于地方豪门望族，使得大地主的势力越来越大，社会贫富差距越来越大。由于没有一个有权威的中央政府，各个割据政权之间的纷争不止，农民起义不断爆发，其争斗的实质仍是为争夺土地。

北魏孝文帝于太和九年（485年）颁布均田令，标志着均田制的产生。均田令的实质是政府把无主的土地分给农民，是一种增量改革，其制度渊源是北魏早期施行的计口授田制度。〔4〕均田令的实施有两个背景：一是连年的农民起义和大规模土地兼并，使得农民流离失所，无法提供支撑国家机器的稳定税源。“在实行均田制以前，中原地区曾发生过多次农民起义，农民的

---

〔1〕 参见钱穆：《中国历代政治得失》，生活·读书·新知三联书店2012年版，第14页。

〔2〕 参见钱穆：《中国历代政治得失》，生活·读书·新知三联书店2012年版，第53~55页。

〔3〕 参见刘禹锡诗《乌衣巷》。

〔4〕 武建国：“建国以来均田制研究综述”，载《云南社会科学》1984年第2期。

流亡和起义不仅使北魏国家赋税收入减少，而且危及国家政权的稳固。为了把人民真正安置在土地上，就必须制定一套分配土地的办法。”〔1〕二是没有统一的中央政府和各个政权之间的长期混战，使得大量土地处于无主状态，这使得新政权可以把这些无主土地分给没有土地的农民。而农民一旦有了土地，就成了稳定的自耕农，可以为政府提供稳定的税源。所以均田制之所以成功，就是因为这是一场增量改革，并不需要对贵族的利益直接予以触动，尽管均田制会间接损害贵族的利益。三是三国两晋时期大规模的战争，使得人口大幅减少，也为均田制的实施创造了条件。

授田制发展的结果就是地主豪强兴起，家族政治兴起，中央政府权威下降。其极端表现就是王谢家族可以把持晋朝中央政府的运行。授田制的实质是有限制的土地私有制，所以土地私有制与地方家族政治兴起之间很可能存在较大的相关性。纵观欧美各国，凡是土地私有制时期，贫富差距往往较大，地方政府的自治权较大，中央政府的权力往往较小。

当历史进行到北魏时期，此时的农民饱受战争流离之苦，亟须土地才可能稳定下来，而均田制正好提供了这个基础。由于具有了政府授予的土地，农民可以组织生产，养活家庭并向政府提供稳定的税源，而不再依附于地主。而大量的这种自耕农组成一个个稳定的村落，并直接向政府缴纳税收，使得政府不再单纯依赖豪门大族。所以均田制的实行是有利于中央集权和君主制的，因而必然遭到贵族地主的反对。所以北魏的均田制改革并不彻底，只是暂时缓和了社会阶层的矛盾，所以最终分裂并最终灭亡。到了隋唐时期，均田制才得到真正贯彻。到

---

〔1〕 武建国：“建国以来均田制研究综述”，载《云南社会科学》1984 年第 2 期。

了唐朝，唐令对均田制进行完善，平衡了贵族和农民之间的利益。"《唐令·田令》既规定了应受田口的应受田额，又规定了'先有永业者通充口分之数'，体现了……已受田，然后再考虑是否给无地或少地农民实际授田。政府给民户实际授田有个先决条件，那就是各地政府掌握足够的官田与荒废地。"〔1〕进一步思考，均田制的实行实际上是土地私有制过头之后向土地国有制的一种回归和折中。它的实行前提是长期战争和混乱造成的大量无主土地，使得新的土地调整成为可能。这符合中国儒家文化的"丘也闻有国有家者，不患寡而患不均，不患贫而患不安"〔2〕的治国思想。通过这种调整，稳定了大量的自耕农，为国家提供稳定的税源，同时对于现有的贵族地主的利益承认并予以限制，这就是均田制的实质。

均田制之所以会替代授田制，实际上是因为授田制实行太久之后，本来是有限的土地使用权，被贵族们变成了可以世袭的土地私有权。更为关键的是授田制背后的土地税制发生了异化。授田制的权利持有人本来应该根据其土地多少向国家贡献税收，这样国家财政也能得到增强，对于双方都有利。但是随着军功贵族的势力越来越大，他们的土地可以世袭罔替，而且获得了免税特权。尤其是在三国曹魏之后，君主为了获得贵族们的支持，给予了贵族们越来越多的特权，其中最重要的就是免税权。这样，贵族们都变成了大地主，而且都是不缴纳税收的大地主。长期下去，全国的土地绝大多数都到了贵族手中，而且不缴纳税收，这才导致中国数百年的分裂和战争，其中一

〔1〕 杨际平："《唐令·田令》的完整复原与今后均田制的研究"，载《中国史研究》2002年第2期。

〔2〕 金良年撰：《大学译注、中庸译注、论语译注》，上海古籍出版社2010年版，第257页。

个重要原因就是国库空虚，中央财政无钱，则地方割据势力并起。所以均田制实际上就是要改变这种状况，把土地分给自耕农，只有这些自耕农才可能给国家贡献稳定的税负。但是我们也可以看到，在唐朝法律之中，国家也无法把所有土地都均田出来，还要在保证贵族土地前提下实行均田制，在贵族和平民之间寻求一种平衡。

（四）齐家、治国、平天下如何成为可能——两税法

均田制只实行了三百年左右，便无法继续维持了。一个最主要的原因是天下承平日久，可以用来均田的土地没有了，所以进行增量改革的土壤消失了，而政府又不敢触动贵族地主的利益，时间久了，地方必然又会开始新一轮土地兼并。贵族地主们逐渐又掌握了大多数土地，而贵族本身享有特权，不缴纳赋税，这使得中央财政越来越萎缩。当 755 年安禄山发动安史之乱后，中央财政再也无法为继了。唐德宗建中元年（公元 780 年），在宰相杨炎主持之下，唐朝开始实行两税法。[1]历史反复证明：税制改革都是财政危机的产物。但之所以采用两税法，按资产来征税，有一个重要的原因，就是唐朝中期之后，大规模的农户迁徙。“逃避战乱并非这时期民户大迁徙的唯一原因，均田农民处境日益恶化才是根本原因……已增至 900 万户。百余年中民户增长了 2 倍，而耕地的开拓却受到自然条件的限制，民户的土地势必日益缩小。”[2]人口的大规模流动，使得流动人口大量出现，甚至出现了流动人口超过户籍人口的情况。再加上安史之乱使得中央政府的权威大大下降，地方政府和贵族地主的势力大大增强，这都使得传统的均田制和租庸调法无法继

〔1〕 黄永年：“唐代两税法杂考”，载《历史研究》1981 年第 1 期。

〔2〕 翁俊雄：《唐初政区与人口》，北京师范大学出版社 1990 年版，第 275 页。

续维持。

两税法的实质是试图把差役等纳入地租，实行赋税丁役合一。从另外一个角度来看，其实质是改变了国家的税制结构，从之前的以丁役为主转向以土地税为主。由于很多农民没有土地，只是租种土地，因而不用缴纳地税。所以这次税制改革形式上是有利于解放农民的。“但是在土地自由买卖的情况下，土地兼并的发生是不以人们意志为转移的，任何违反这一规律的措施，最后都不能不归于失效。”〔1〕同时贵族也因此而受益，因为两税法之后不再对土地兼并进行限制。从此之后，土地兼并日益严重，一直持续到清朝灭亡。

两税法促进了唐代人口和家庭结构的变化，对农村商品经济也起到了促进作用。人口的增长……使得一些原来的农村，如作为商品集散地的草市、墟市和茶市等开始向城市转化。〔2〕所以，两税法使得民众的流动性增强，促进了商品经济和城市文明的发展，同时土地的自由交易使得土地兼并愈演愈烈，社会的贫富差距越来越大。自北魏到唐中期，中国长期使用均田制和租庸调法，赋税制度建立在人丁基础之上。到了唐朝中期，由于土地兼并十分严重，贵族享有特权，税收极其不公平，而且随着安史之乱的爆发，中央政府与地方政府的矛盾白热化，中央财政无法满足自身政权之运行，同时中央政府与地方政府议价能力的下降，使得唐王朝要考虑采取交易成本更低的税制，保障中央政府的财政收入。两税法的出台正是在这种背景之下，由中国历史上著名理财宰相杨炎提出的。杨炎的税制改革只推

---

〔1〕 胡如雷：“唐代两税法研究”，载《河北师范大学学报：哲学社会科学版》1958 年第 1 期。

〔2〕 张安福：“两税法改革对唐代农村社会的影响”，载《首都师范大学学报（社会科学版）》2006 年第 2 期。

行了两年，就取得了相当之成就，中央财政收入得到了相当之保障。

但是两税法的实质是要对资产征税，将贵族和平民一视同仁进行课税，这是贵族地主们所不能接受的。实际上，一直到清朝灭亡，两税法的精神也未能得到完全实现，从明朝张居正的“一条鞭法”和雍正的“摊丁入亩”改革可以看到，直到清朝中期，丁税向亩税的改革也没有完全实现。即便到了新中国成立之后，乃至今天，对房地产征税仍然是举步维艰。其实质原因仍然是类似的。

无论怎样，两税法使得民众对于土地的人身依附性大大缩小，不再被牢牢地捆在土地之上，可以选择农业和商业，因此此时政府以财产来课税，而且主要以金钱来给付。这种税制在实质上改变了国家与公民之间的关系，也改变了国家构成的基础。对于当时的中国而言，这毫无疑问是一个巨大的进步，对于商业文明的发展是非常有利的。

三、古代中国税制的核心——从宪制切入

从井田制到授田制，然后是均田制，最后是两税法，这就是从公元前 8 世纪到公元 18 世纪中国两千多年历史的四种税制。当然在每个大的阶段，还包括了一些小的税制，如三国时期的屯田制度等，但大致可以作这样的一个划分。通过前文对四种税制如何实现中国历史的家国同构的分析，我们可以得出一个基本观点：中国古代的税制以土地为核心线索，呈现出公私并存，家国天下同构并循环往复的特征。

（一）地权核心

古代中国税制以地权为核心。家庭、国家都是围绕土地权力而展开的。诗云：“普天之下，莫非王土，率土之滨，莫非王

臣。”〔1〕历代君主都以开疆扩土为第一功绩，而以割地为丧权辱国之第一要事。评价历朝历代是否强盛的首要指标就是土地是否广大，人口是否众多。秦始皇之所以被称为千古第一帝，主要原因就是秦始皇统一六国。而汉唐被视为中华文明的代表，一个基础性条件就是汉唐是中国历史上疆域最广阔，土地最多的朝代。秦侩、慈禧太后和李鸿章之所以被人唾骂，不就是因为他们主张割让土地而求和平吗？民国军阀混战，争的就是土地，而中国共产党要实现民族复兴，首先也是要取得政权，其实质也是要取得对土地的所有权。在中国这样的大陆型国家，这个特征是贯穿始终的。即便到了今天，中国的土地仍然是财富的最大载体。围绕土地的相关税收仍然是数十年中国城镇化最大的动力之一。〔2〕

（二）公私并存

今天的学者习惯于用土地公有制、土地私有制对中国古代土地税制进行划分。其实这是典型的用今天的理论拷问昨天制度的做法，这并不完全符合古代中国历史。比如井田制本身也经历了一个不断发展、不断完善的阶段。在夏商时代，社会基本上停留在氏族公社阶段，带有原始共产主义社会的特征。所以井田制在一开始主要是起到聚集人群、形成村落（部落）的功能，而无法起到确定产权的作用。只是到了后来，一些贵族不再从事生产，从事管理（比如祭祀等公共事务），需要公共经费来供养，人们才想出了公田和私田的分类。但是即便在井田制完善的周代，关于土地的产权仍然是复杂的。从形式上讲，天下所有土地的所有权都属于周天子，但天子分封诸国，诸侯

〔1〕 程俊英撰：《诗经译注》，上海古籍出版社 2010 年版，第 349 页。

〔2〕 参见张学博：“土地财政的历史观察：1988～2015 年”，载《宁夏社会科学》2016 年第 3 期。

把土地分封给卿大夫，土地实际掌握在各级贵族手中，具体到最下面，大量的自耕农都拥有自己的小块土地。可谓私中有公，公中有私。公田对于百姓而言是公田，但对于贵族地主而言则是私田。天下为公与家天下同时并存，这是中国古代税制的基本特征。

严格意义上讲，中国的税制围绕土地而展开，拥有土地的农户向国家缴纳税收，土地拥有得越多就应该缴纳的税收也就越多。但实际却恰恰相反，真正为国家提供税赋的是拥有小块零碎土地的自耕农。那些拥有大量土地的大地主和贵族往往要么拥有免税权，要么与政府勾结，少报土地，逃避税收。最大的地主皇帝却完全不用缴纳税收。皇室拥有自己的土地，但是皇家的私库与国库之间却并非完全封闭。皇帝经常会伸手进入国库花费财政税收。

（三）家国同构

中国古代宪制的另一个特征就是家国同构，这在税制的变迁中表现得非常明显。井田制的内在逻辑与道家小国寡民的思想相符合，也与儒家大学中“修身、齐家、治国、平天下”的逻辑。井田制之时，家庭和村落需要通过井田制的方式来聚集人口进行耕作，形成家庭和村落。而村落也是通过井田的方式形成了诸侯国，国王的土地在中央，周围围绕着卿大夫的土地。再进一步推广，由诸侯国按井田制的方式围绕着周天子，形成天下。所以周天子的天下是按照同心圆的方式家国同构的，其内在原理就是井田制。天子按照亲疏不同把土地分封给自己的儿子和贵族们。与天子越亲近离京城就越近，与天子较疏远则被分封到较遥远的地方。整个政权是按照宗法制来进行构建的。李安宅就指出：“总括来说，中国社会只有两种正式而确定的组织，那就是国与家——国也不过是家的扩大，家的主是父，国的主是君。忠孝是人的大节，大节有亏，其他都是不值一提的。”[1]正因为如此，家国同构成了古代中国的基本宪制。宋昌对周勃所说道：“所言公，公言之；所言私，王者无私”[2]就是其例。

从井田制到授田，再到均田制，进而到两税法，皇帝根据亲疏远近来决定给予其分配土地的远近多少，以及税收负担的多少。皇亲贵族不仅有最好、最成块的土地，而且豁免税收，而普通农户则不仅分得最偏远、小块的土地，而且承担最沉重的税负。血缘关系的亲疏是决定税负的关键因素之一，这也是家国同构的一种极端表现。

（四）循环往复

中国古代政治呈现出治乱循环往复的特征。这种循环往复，有两种表现形式，一种是统一与分裂，即“三国演义”所谓：“天下大事，合久必分，分久必合”；另一种表现形式即黄宗羲定理。黄宗羲在《明夷待访录·田制三》中列举了从唐初租庸调之法到晚唐杨炎的两税法，以及明朝一条鞭法前后的并税式改革的“积累莫返之害”，提出了并税式改革导致税上加税，愈演愈烈的著名命题，即历史上各种名目的税赋经并税式改革得以整编简化，但随后这些名目繁多的税种又重新出现，以致赋税持续攀升。[3]从前述中国税制的变迁可以看出，从井田制到授田制，再到均田制，然后到两税法，一直到清朝灭亡之前，也包括两种内在逻辑。一是土地公有制和土地私有制的侧重点不断交替。尽管前文已经讨论了中国古代土地制度呈现为公私并存，但是不同时期的侧重点不同。如井田制更接近于土地公

---

〔1〕李安宅：《〈仪礼〉与〈礼记〉之社会学的研究》，上海人民出版社 2005 年版，第 55 页。

〔2〕《汉书·文帝纪第四》。

〔3〕参见沈善洪主编：《黄宗羲全集》（第 1 册），浙江古籍出版社 1985 年版，第 26~27 页。

有制，因而土地交易是受到严格限制的，而授田制时期则接近于土地私有制，土地交易是受到鼓励的。均田制则是对井田制某种意义上的回归，而两税法则实质上是对土地交易的再次放松，之后土地兼并愈演愈烈。第二个逻辑是税制复杂程度不同。相比较而言，井田制时期农民的税制较简单，而授田制时期则税制复杂，均田制时期则简单一些，而两税法时期则又复杂。因为土地公有制时限制土地交易，所以税制较简单，以赋役为主，而土地私有制时鼓励土地交易，故税制较复杂。

四、对当代中国税制的建议

中国正处于农业文明向商业文明的快速转型之中，但这是一个长期的过程，而且中国的文明特性决定了中国文明的演变有其内在的逻辑，而且历次中国文明与外来文明交汇都以中国文明融合外来文明而收场，这都提示我们在制定相关政策时，必须对自身文明的特征把握清楚。经过改革开放三十年的快速发展，目前的中国税制仍然是工商业和土地各占半壁江山。尤其是对地方政府而言，土地财政成了近三十年来中国城镇化建设的最重要制度动力之一。对于中国古代税制的分析，对于当代中国税制改革，有如下启示：

首先，稳定现行土地税制。现在看来，自唐朝末年两税法的实行到清朝雍正年实现的摊丁入亩，中国社会完成了从人丁税向资产税的转变，这是一个大的税制周期。这个周期的特征是偏重于土地私有制，鼓励土地自由交易。按照前述中国文明循环往复的特征来看，自民国孙中山先生提出“平均地权”的口号以来，中国共产党领导人民群众推翻了“三座大山”，其核心就是封建地主所有制。新的土地税制就是以土地归国家和集体所有的土地公有制基础上的家庭联产承包责任制。家庭联产责任承包和统分结合的双层经营体制正好符合中国历史上的公私并存的宪制特征。这个税制不是单纯的土地公有制，也不是单纯的土地私有制，而是综合了公有制和私有制的双层经营体制。这个制度既防止了地主阶层的重新出现，又可以充分发挥农民的积极性，使其对土地的收益权得到充分的保障。这个制度的建立，我们党也经历了数十年的摸索，也是在人民群众自己摸索基础上总结出来的制度安排。我们经历了千辛万苦方取得的成果，不可轻言废除。改革开放之前，改革开放之后，我们建立了工商税制，但并不意味着土地税制消失了，而是以土地财政的形式存在于地方财政之中，成了地方政府推动城镇化建设的基本保证。一个大的土地税制周期短则三百年，而长的达八百年之久。土地税制是中国农业文明的基本宪制，在中国完成向商业文明转型之前，仍需要遵循这种制度规律。我们党建立这套土地税制也就三十年的时间，不应该在短时期内改弦更张。从历史经验来看，每种土地税制实施久了，都会存在一定的弊端，要正视而非轻言废之。

其次，尽快完善个人所得税制。从唐朝末年的两税法到清朝雍正年间的摊丁入亩，其实质是一脉相承的，就是逐步废止人丁税，转向资产征税。其最大的进步意义在于把人民从土地的束缚中解放出来，去从事商业。而改革开放之后，中国建立了以流转税为基础的工商税制。目前中国的税收体制是以流转税为主要内容，尤其是以增值税最为重要。流转税是间接税，所以容易为老百姓接受，但是税负重使得中国的商品价格国内高于国外，对于启动国内消费极为不利。近年来，随着国内老百姓收入水平的提高，到国外消费的量越来越大，很大原因就是我们的税制不合理，流转税比重太高，尤其是增值税和消费税。因而，未来中国税制改革的目标应该是税制结构的调整，尤其是直接税的强化，首要的应该是个人所得税。因为个人所得税在整个税制中的比重较小，在目前体制下征税空间很大，也比较符合老百姓预期，不会遇到太大的反对。

最后，稳妥推进房地产税改革。在中国历史上，有过房地产税试点，总共五次。具体包括汉武帝、唐德宗、后晋后周时期、康熙帝和民国政府时期。“西汉时期房产税还没有成为一个独立的税种，房屋与家庭其他财产一起合并作为计税对象，税率为6%。唐代德宗建中四年（783年），房产税开始作为一个独立税种出现，称为‘间架税’，其称呼源于‘每屋两架为间’。当时，间架税的课税对象是长安城内居民住房。其征收标准：上等房屋交铜钱2000，中等1000，下等500。由于市民强烈反对，执行不到一年便被迫取消。清代房产税纷繁复杂且名称多变，江南地区叫‘廊钞’‘棚租’，北京叫‘檀输税’。直至乾隆年间，才逐渐废止。1912年民国建立后，北洋政府仍沿用旧制征收房产税，但名称各异，有的叫‘市政总捐’，有的叫‘店铺捐’。”〔1〕仔细分析这些古代房产税的时期，就会发现其处于的税制时期是授田制时期和两税法时期，即土地税制整体接近土地私有制的时期。而且开征的原因往往是因为战争压力导致财政压力，临时进行开征的税收，而且在开征之后不久多又废止。即使是在实行土地私有制的美国，最近也出现了降低房地产税来吸引投资的法案，废除了1980年开始实施的《外国投资房地产税法案》（FIRPTA）对外国养老金投资美国房地产时征收的税率。〔2〕对于历史的经验教训，今天的立法者需要充分考虑。

---

〔1〕 翁礼华：“古代房产税的演变”，载《党政干部之友》2013年第7期。

〔2〕 陶凤：“美国35年首次放宽房产税”，载《北京商报》2015年12月22日。

第四章

理财治国论：中国历史中的真实逻辑

——兼论国家治理现代化的新路径

一、问题的提出：古代中国社会治乱之本

黄宗羲定理是近年来学术界关于古代中国社会治乱现象讨论的焦点问题。明清的大儒黄宗羲认为："唐初立租庸调之法，有田则有租，有户则有调，有身则有庸。……杨炎变为两税，人无丁中，以贫富为差。至今日以为两税固然，岂知其所以亡天下者之在斯乎！税额之积累至此，民之得有其生者亦无几矣。"〔1〕其大致意思就是中国历史上的每次并税改革都是短期内见到一定效果，但从长期来看反而使得农民负担更重，并加速了社会矛盾。有人把唐之后的并税式改革用公式进行了归纳如下：

两税法= 租庸调+ 杂派

王安石免役钱法=两税法+杂派=租庸调+杂派+杂派

一条鞭法=王安石税法+杂派=两税法+杂派+杂派

= 租庸调+杂派+杂派+杂派

倪元璐税法=一条鞭法+杂派=王安石税法+杂派+杂派

=两税法+杂派+杂派+杂派=租庸调+杂派+杂派+杂派+杂派

〔1〕（明）黄宗羲：《明夷待访录·田制三》。

地丁合一=……=租庸调+杂派+杂派+杂派+杂派+杂派

通式：bn=a+nx。式中 bn 为经过 n 次改制之后的新税额，a 为原始税额，x 为杂派，n 为改制次。[1]秦晖在黄宗羲定理基础之上提出："农村地区进行的'并税除费加返还'式改革虽然必须，但决非'治本之策'，甚至在缺乏相关改革配套的情况下，其'治标'的效果也不宜期望过高。税费改革的'治本'要取决于基层政治体制改革的突破，取决于纯财政视线的超越。"[2]

在秦晖看来，中国历史上的两税法改革，王安石的青苗免役法，张居正的一条鞭法，之所以在短期见效后，又造成积重难返之疾，关键在于基层民主建设不够健全。那么在秦晖发表该观点之后已过去了十多年，农业税已经被废止，中国的基层民主应该说有了不少进步，税制改革是否可以说成功了呢？现在看来，秦晖的观点有一定道理，但似乎并没有抓住重点。在历史上来看，两税法和一条鞭法还算收到了成效，但几乎只在十年之后就陷入新的困境。中国社会的治乱之本的确表现为黄宗羲现象，但关键是现象背后的逻辑是什么？如何才能实现立法引导改革，通过理财治国？正是在这三个问题追问下，研究中国历史中理财治国，才显得意义深刻。本章选取中国古代几位杰出的政治家的理财治国思想作为研究的素材，作为研究中国历史的切入点，并试图找出对正在进行国家治理体系和国家治理能力现代化的当代中国的现实路径。

---

〔1〕 王家范、谢天佑："中国封建社会农业经济结构试析"，载中国农民战争史研究会编：《中国农民战争史研究集刊》（第 3 辑），上海人民出版社 1983 年版，第 28 页。

〔2〕 秦晖："'黄宗羲定律'与税费改革的体制化基础：历史的经验与现实的选择"，载《税务研究》2003 年第 7 期。

二、理财治国论：中国历史的真实逻辑

（一）管子的理财治国论

管子的理财治国思想主要包括以下几个方面内容：首先是揭示轻重规律，掌握理财依据。其次是谨守重物，以定天下。再次是以重射轻，以贱泄平。最后是以高下万物之策，取代商贾诸侯之利。[1]其实从这四点看来，管子的理财治国思想很受道家思想之影响。第一条揭示轻重规律，讨论的就是理财治国要研究经济运行内在规律，并在经济运行中尊重规律。第二条所谓“谨守重物，以定天下”则是指治理国家时要抓住其中重要支点，一个是粮食安全，一个是货币政策。管子认为理财治国要使国家随时掌握充足的粮食和货币，从而使得经济治理事半功倍。而第三条“以重射轻、以贱泄平”，则是指商品低价的时候，国家适当储备物资，而商品高涨的时候则抛售物资，储备货币。通过这种经济政策，国家不但可以满足一定的社会需求，而且可以起到打击商贾大户投机倒把的行为。第四条“高下万物之策”，实际上也是与第三条紧密结合起来，通过粮食、货币和商品的适时收放，对市场经济进行调控，使得商贾无利可图。

总而言之，管子在两千多年前，就已经提出要研究经济规律，并运用经济规律来对市场经济进行调控干预，与今天的新古典经济学、新凯恩斯主义并无实质上的区别。只不过，管子始终强调当时的齐国是一个农业国家，因而对于商贾大户采取打压的姿态。但是其通过理财来实现国家财政，打击商贾大户、稳定市场从而实现社会治理的行为，在当时而言，是一种非常有效的治国理政的手段。

---

〔1〕赵梦涵：“论‘管子’的理财思想”，载《文史哲》1990年第3期。

（二）孔子理财治国论

孔子是春秋时期杰出的教育家、思想家和政治家。他的思想不仅仅停留在理论阶段，也有其十分务实的一面。其一，孔子主张轻徭薄赋的财政税收政策。哀公问于有若曰："年饥，用不足，如之何？"有若对曰："盍彻乎？"[1]所谓彻就是十税一。孔子私下对冉有曰："君子之行也，度于礼；施取其厚，事举其中，敛从其薄。"[2]其二，孔子主张："百姓足，君孰与不足。"[3]其意思就是孔子主张民富而后国强，国强要建立在民富基础之上。其三，孔子主张："冢宰制国用，必于岁之杪，五谷皆入，然后制国用；用地小大，视年之丰耗，以三十年之通，制国用，量入以为出。"[4]这句话的内涵实际上是十分丰富的。既包括了量入为出原则，还包括了财政平衡原则。孔子的财政平衡是以三十年为度，即以财政的长期平衡为目标。这样的理念即便在今天仍然是十分先进和值得借鉴的。

（三）商鞅的理财治国论

商鞅的理财治国包括三个方面的内容。商鞅的财政改革以农业改革为主，因为他认为农业是生产财富的源泉。首先，商鞅的财政改革最大的动作就是废除了井田制，实现授田制。商鞅通过土地制度改革，极大地激励了农民建功立业并耕种土地的积极性。他认为："治国贵民壹，民壹则朴，朴则农，农则易勤，勤则富。"[5]商鞅通过土地制度的改革来奖励耕战，是其特色。其次，商鞅主张财政制度统一，要让国家和人民均能受益。废除井田制，实行授田制，与废除分封制实行郡县制，实际上

---

〔1〕《论语·颜渊》。

〔2〕《左传·哀公十一年》。

〔3〕《论语·颜渊》。

〔4〕《礼记》。

〔5〕《商君书》。

是一个硬币的两个方面。其背后的逻辑是通过财政制度的改革来加强中央政府的权威，实现国家的统一。最后，商鞅主张对商业实行重税农业轻税的思想。他认为："欲农富其国者，境内之食必贵，而不农之征必多，市利之租必重。"[1]在农耕文明时代，商鞅的主张实际上是比较典型的贱商重农思想，通过商业反哺农业，加强商业税收，增加国家财力。

（四）王安石理财治国论

宋代王安石是一位大学者，也是一位大政治家。虽然王安石的改革最终并未成功，但仔细研究其思想，却发现其理财治国之思想，相比商鞅更为先进，只是在那个时代无法实施罢了。终其一生，王安石追求内圣外王之统一，是宋明理学转向之前的核心人物。他的治国思想核心表现为理财治国。他的理财治国论表现一下核心观点。首先是以义理财论。"盖聚天下之人而治之，不可以无财；理天下之财，不可以无义。夫以义理天下之财，则转输之劳役不可以不均，用度之多寡不可以不通，货贿之有无不可以不制，而轻重敛散之权不可以无术。"[2]王安石的言下之意是，通过理财可以增加国家的财富，实现富国强兵的目的。通过发展生产，可以开辟财源。国家财政亏空的原因不仅在于开支过度，也在于开源不足。其次是"稍收轻重敛散之权归之公上，"[3]其主要观点是抑制地方豪强的财富。宋太祖赵匡胤建立宋朝之初，通过杯酒释兵权削弱了武将们的权力，为了安抚其情绪，赐予其大量土地，并鼓励其土地兼并，安居乐业。这些地方豪强大规模进行土地兼并，而且享受减免税特权，使得政府的财力大大不足。所以王安石改革的很多举措都

---

〔1〕《商君书》。
〔2〕《临川先生文集·卷七〇·乞制置三司条制》。
〔3〕《临川先生文集·卷七〇·乞制置三司条制》。

是强调要抑制地方豪强，加强中央集权和中央财权的。其均输法、青苗法、市易法的目的不仅在于鼓励市场交易，还在于为国家财政增加收入。另外的免役法，不仅起到了为国家财政增加收入的目的，而且打击了地方豪强。在王安石的这些手段中，几乎所有的措施都有利于增加国家的财政力量，难免被司马光等保守派强烈攻击，并引起了豪强大地主的强烈攻击。正是在这样的背景下，王安石的改革变法难以成功可谓在意料之中。因为赵家天下的执政基础并非广大普通老百姓，而是那些豪强地主和皇亲国戚。当改革与变法触动到这些人的根本利益时，王安石的下台就成了水到渠成之事。但无论如何，王安石的理财治国的思想，的确有其先进之处。鼓励市场交易，并通过增加金融供给手段来发展繁荣经济，在此基础之上增加财政力量，颇有今天供给学派的味道。只是在当时农业文明的背景之下，官僚系统的执行能力极差，使得王安石的改革与变法无论是从社会大背景上，还是从技术操作上，都无施行成功之可能。

（五）张居正理财治国论

到了明朝中期，出现了严重的财政危机。《大明王朝》这部电视剧的开篇就是讨论了明朝嘉靖年间的财政亏空状况严重的问题。一代明相张居正横空出世，展现了其财政改革家的风采。他的改革以财政改革为核心，通过财政改革生生将大明王朝延续了一百年之久。他的改革集中为几个方面：首先是考成法。“他对财政官吏的管理实行两种制度，一是考满制度，即对中央与地方的官吏，实行三年、六年的考勤，如果称职就提拔，如果一般则留用，若不称职必免除。二是详细的考察制度，具体分为定期考察、随时考察及访察告诫三种。”[1]如他所说：“考

〔1〕 谭建立：“张居正理财措施浅析”，载《陕西财经学院学报》1985年第3期。

成一事，行之数年，自可不加赋而上用足。”[1]通过考成法，不仅大大增强了国家财力，而且改变了官员们低效、拖沓的风气。其次是提倡开源节流。一方面，张居正兴修水利，开拓漕运，发展经济来开源。另一方面，裁减冗兵，提高军费使用效率，并从皇帝从上到下兴起节俭之风。简而言之，财政支出方面量入为出，提高支出效率，颇有里根经济学的味道。第三，张居正财政改革的核心是清丈土地和一条鞭法。张居正指出：“丈地亩，清浮粮，为闽人立经久计，须详细精核，不宜草草。”[2]张居正对于清丈土地的难度显然有着清醒的认识，因而主张谨慎推进。一条鞭法主要包括：“将田赋和各种各目的徭役合并征收，并将部分丁役负担摊入田亩。过去按户丁出办的徭役，现改为据丁数和田粮摊派。农民可以出钱代役，力差由官府雇人承应。田赋中除政府需要征收的米麦以外，其余所有实物都改为用银折纳。”[3]同时，在征收程序上，农民交纳赋役不再通过里长和粮长，而是直接缴纳给地方政府。这套制度，如果真正落实，会极大地提高税收征管效率，同时极大地解放了农民对于土地的依附。实际上清雍正年间的摊丁入亩就是张居正一条鞭法政策的延续。更关键的是，一条鞭法更接近财产税的理念，是加强对地主阶层课税的规则，所以实际上，一条鞭法在中国从未得到真正意义上的全国通行。而且一条鞭法的实施对于货币的流通和市场经济的发展有较高要求，技术上也需要保障，所以即便到了新中国成立后，我们大多数地区农民缴纳农业税的方式仍然还是粮食实物，而非货币。尽管一条鞭法从未在全国范围

〔1〕《张文忠公全集·书簇七·答山东抚院李渐庵言吏治河漕》。

〔2〕《张文忠公全集· 书牍十一·答福建巡抚耿楚侗》。

〔3〕 谭建立：“张居正理财措施浅析”，载《陕西财经学院学报》1985年第3期。

内得到真正实行，但张居正的十年改革仍然成效显著，做到了“太仓粟充盈，可支十年”。[1]

三、理财治国的核心命题

从对管子到张居正五位杰出的改革家的理财思想的梳理中，我们可以管中窥豹，看出一些中国历史中通过立法引导改革、理财实现治国的内在逻辑。如熊彼特所言，通过财政观察社会，是一条捷径。观察中国历史，每一次王朝的更迭，无不是财政危机所致。百姓民不聊生，官员腐败、国家财政亏空，这实质上就是一场无法缓解的财政危机。那么归纳管子到张居正这五位杰出的政治家和理财家，我们对于中国历史的理财治国论大致可以归纳出以下方面：

（一）道法自然

管子主张道法自然，实际上是强调要研究市场经济的自然规律，并按照经济规律来进行引导。理财也是如此。只有市场经济自身有了发展，政府才可能进行课税。同时，对于商贾进行囤积居奇的行为，政府也应该进行适当的干预，使得市场经济本身处于相对竞争的状态，从而有利于人民福利水平的提高。

（二）重农抑商

在所有中国古代的政治家理论中，我们都看到农业是立国根本。其原因在于，中国作为一个农耕文明高度发达的国家，一整套治国体系都是按照农耕文明的规则建立起来的。谁抓住了农民、农村和农业，就抓住了中国的根本。所以，历代的政治家在理财的时候，都强调要对农民减免赋税，而对商贾大户予以利用和打击。管子主张对盐铁等暴利行业实行国营垄断经

[1] 李询：《明史食货志校注》，中华书局1982年版，第53页。

营，之后的商鞅主张对商业实行重税，王安石实行均输法、市易法直接对商贾课税，都是强调通过对商业课以进行重税来反哺农业。其根本在于中国社会是在井田制基础上建立起来的一整套儒家文明体系，农业的发达才能使得农民安居乐业，使得儒家的一整套伦理体系（礼法）能够有效地治理整个社会。如果老百姓都从事商业活动，则可能带来社会治理的极大困难。

（三）开源节流

在古代中国政治理财家理论中，财政的运行包括开源和节流两个方面。一般的知识分子通常认为国家的财富是一定的，不在国家就在民间，比如司马光就是这么认为。但从管子、孔子开始，到王安石，再到张居正，实际上都认识到开源节流是财政运行的两个方面。一方面，国家运行要强调统治者节俭的美德，但另一方面政府也要积极开源，增加财政收入。因为国家难免会遇到战争、自然灾害等不可抗的意外因素，因此国家财政应该做好储备工作。管子就公开主张国家要参与到经济中去，通过掌握充足的粮食货币，以重射轻、以贱泄平，既满足社会需求，又为国家积累一定的财富，以应不备之需。实际上，社会的财富随着商业的发展，是在不断增长的。在农耕文明社会中，能够认识到这点，显然需要远见卓识。

（四）财政统一

商鞅到张居正的理财治国思想中，有一个核心命题就是全国财政要统一。因为中国是一个大国，所以如果财权不统一，那么各个地方的差距就会越来越大，而且中央政府一旦遇到一些突发事件，比如战争、灾荒等就会无力应对。中国历史的经验告诉我们，地方政府往往代表地方豪强地主的利益，如果中央政府不强大，地方政府往往是纵容土地兼并的现象发生。其结果就是地方豪强不断兼并土地，而且由于豪强往往拥有赋税减免权，就会进一步导致政府税收减少，反过来使得中央政府更没有权威。所以财权的统一是一个非常核心的命题。只有中央政府拥有足够的权威和财权，才可能在全国范围内行使其事权，从而在一定程度上代表普通民众的利益，使得地主阶层对于老百姓的盘剥不至于太狠，从而使得这个体制还能够持续运行下去。所以，历代王朝之初，中央政府基本上还能保证财权的统一，但到了王朝后期，基本上就任由地方政府去分割各地的财权，此时离王朝之覆灭也就为期不远了。在这个意义上，我们可以看出 1994 年分税制改革之深刻意义。

（五）量能课税

中国古代理财政治家的思想体系中，第五个内容就是税负要按照个人的能力来进行课征。这实质上蕴含了古代理财家们朴素的正义力量。人的天赋有差异，人的起点有差异，所以不应该课征同样的税收。从商鞅到王安石、张居正的理财改革思想中，一个核心的内容就是加强对地主豪强的课税。由于豪强地主多是享受税负减免特权的阶层，所以使得普通自耕农往往成为国家税负的主体承担者。而且豪强地主多少享有军功并不断世袭而来，所以随着时间的增加，享有这些特权的人越来越多。其结果就是缴纳税收的人数在减少，而且缴纳税收的人都是普通自耕农。这样的结果有几个方面：首先是在老百姓和地主之间的矛盾越来越深，土地少的群体反而要缴纳主要的税赋，而地主豪强土地越来越多，反而不用缴纳税赋；其次，国家财政力量越来越薄弱，中央政府的权威越来越低，国家正式的明文规则越来越没有约束力，政府发公信力就越来越低。依靠在少数自耕农基础上的国家财政显然是非常脆弱的，而且抗风险能力很低。一旦遇到天灾人祸或者农民起义，就可能导致政权坍塌。所以从商鞅到王安石、张居正都主张对商人群体课收重税。自王安石以后，到张居正都主张逐步按照财产（主要是土地）来进行课税，而不再按传统的户来进行课税。按资产而非人头来进行课税，这是一个重大的进步。不仅在公平的意义上符合现代税法量能课税的原则，而且从技术上可以极大地增加国家的财政税收。

（六）财政平衡

财政平衡的观点实际上是由孔子提出的，并为历代中国古代理财政治家反复重申。财政平衡包括几个方面的内涵：首先是财政税收在国家与百姓之间的平衡。这个平衡能使得百姓安居乐业，同时也使得国家财政也得到保证。任一方面过多便可能导致财政失衡。如魏国李悝就提出“李悝定理”，其核心内涵为：在传统农耕文明的前提下，对于农民的税赋不能超过十税一，如果超过则可能超过农民的负担能力，激起民变。这个定理实际上在后世中国被反复验证。另外一个方面的财政平衡是指财政的支出与财政税收要保持平衡，其不仅是短期平衡，还应该是长期的平衡，要能在三十年间保持财政平衡。长期财政平衡的观念即便在今天也是非常先进的。《欧盟财政公约》所力推的就是在欧盟国家能够逐步实现长期财政平衡。简而言之，就是量入为出。长期以来，按照瓦格纳定理，国家的财政支出都是随着时间的增长逐步呈现不断膨胀的趋势。长此以往，国家财政失衡则可能产生一系列社会问题。因为财政支出最终会转化为公众的税收负担，税负过高则会产生公众的连锁反应。

（七）民富国强

中国古代理财政治家有一个重要观点就是主张兼顾民富和国强，不单纯片面强调某一个方面。比如孔子就主张国富要建立在民富基础之上，因而对公众主张轻税负。但同时从王安石到张居正，都认为国强是非常重要的，不亚于民富，而且要使国家保持统一，财政统一是非常核心的要素。唐代杨炎的两税法之所以重要，就在于他第一次认识到：国家统一的一个关键要素是财政统一。[1]秦帝国和隋帝国虽然在制度构建上是中国古代最富有先进理念的，但是都只历二代而亡，关键在于由财政危机最终导致政权崩溃。安史之乱爆发的一个重要前提就是唐朝的藩镇拥有了自己独立的财政权力。所以片面强调藏富于民和地方财政权力，很可能是促进地方经济发展，但同时对中央政府的权威也可能带来风险。理论上讲，如果地方政府甚至私人拥有了独立的财政权，他就可以干他想做的任何事。所以民富和国强同样是一个硬币的两个方面，偏重于任何一方，都可能产生问题。所以，在管仲和王安石看来，运用国家的力量为国家积累财富，只要目的是纯正的，并无可非议之处。

（八）财政问责

古代中国王朝史给我们的一个重大启示，就是压死王朝的最后一根稻草往往就是财政体制的失灵。比如一个典型案例就是，明朝崇祯皇帝上吊的时候，他的私库里还藏着大量的金银，而国家都要灭亡了，国家财政却拿不出钱来。这就是民富国弱，财政无人负责，最终导致王朝覆灭的经典案例。张居正首先意识到了这一点，对财政官吏实行垂直管理，并且实行严格的考核制度，从而建立起一套财政问责制度。所以张居正虽然只执政十年，但却使大明朝王朝整整延续了一百年。张居正去世之后，其呕心沥血所建立的财政问责制度全部被废，整个大明王朝再次陷入风雨飘摇之中。对于国家统一来说，财政统一是核

[1] 国家的统一，必须建立在财政和税收统一的基础上，只有这样，行政的统一才有保障，这是“永贞革新”直面的问题，是这场改革的实质所在。参见韩毓海：“从永贞革新到鸦片战争——简叙我国治理体系的几次变革”，载《光明日报》2015年12月29日。

心命题。要保证财政统一及财政制度的有效性，一套财政问责制度则是基础性的保障制度。没有这样一套制度，整个国家的财政制度将无法统一行使。在这个意义上，我们可以看到朱镕基 1994 年分税制之必要性，以及实行国家税务局垂直管理之必要。

四、理财治国：国家治理现代化的新路径

通过对中国历史上五位杰出的理财政治家的思想进行研究和梳理，我们可以把中国古代理财治国论的基本内涵归纳为八个方面：道法自然、重农抑商、开源节流、财政统一、量能课税、财政平衡、民富国强、财政问责。如果把这八个方面进行进一步整理归纳，可以把中国古代理财治国论归结为以下五方面：道法自然、财政统一、财政平衡、财政公平、财政责任。因为重农抑商是农业文明时期的一种产业政策，并不带有普遍指导意义，而开源节流、民富国强其实都可以归纳入广义的财政平衡中去。在这个五点里面，道法自然就是尊重市场经济，财政统一就是国家统一，这两点是基础性条件，而财政平衡和财政公平是理财治国论的核心部分，而财政责任则是整个理财治国得以实现的保证条件。对于今天正在推进国家治理体系和治理能力现代化的中国而言，理财治国论可以说正当其时。结合以上五个方面，可以考虑以下具体制度构建：

（一）进一步统一财政体制

经过六十余年的努力，虽然中华人民共和国作为民族国家的概念已经基本深入人心并得到了多数国家的承认，但从新中国成立以来的历次政治事件中我们可以发现其并未十分巩固。毛泽东同志所讨论的中国基本国情问题，即“中国是一个政治、经济发展极不平衡的大国”的这个论断仍未改变。那么在这个

前提之下，毛泽东同志在中共八大《论十大关系》中处理中央与地方关系的做法就仍然不过时。通过对当代税制的回顾，我们可以发现：1994年税制改革之前中央对于地方基本上是放权让利，可以被称为行政性分权，即随时可以谈判，即毛泽东同志所说的“中央与地方商量着办事”的体制，但却忽视了毛泽东同志在《论十大关系》中所强调的前提——“巩固中央权威”。〔1〕所以，1994年分税制改革加强了中央财权，从而对整个中国社会主义市场经济的形成起到了基础性作用。今天，对于财政体制的改革要进一步按十八届三中全会的精神，深入进行。进一步巩固中央财权的方式，可以考虑在税务机关垂直管理的基础上，对财政体制进一步实施全国垂直管理，从而对全国的财权进行统一。具体方式上最好是采取一部财政基本法的方式来予以解决，即比较稳定的、有预期的方式来进行解决中央与地方财权的关系问题。

（二）确立财政均衡体制

狭义的财政平衡主要是指短期到长期财政收入和支出之间的平衡问题。结合前文分析的古代中国的理财治国思想，以及现实国情，这里所讨论的财政平衡体制，包括三个方面的内容：首先是财政在国家与公民之间的平衡；其次是短期到长期财政收入和支出之间的平衡；最后是中央财政和地方财政之间的平衡。

首先，为了保持财政在国家与公民之间的平衡，就要保证税负维持在合理的区间，既不能太高，也不能太低。目前流行的供给学派的观念，尤其推崇里根的全面减税的举措，实际上并不符合中国实际。因为美国是一个成熟的资本主义国家，市

〔1〕 毛泽东：“论十大关系”，载《毛泽东选集》（第5卷），人民出版社1977年版。

场经济已经高度发达。而中国是一个依靠政党和政府来推动整个社会进行现代化转型的发展中国家，因而政府的财政力量没有可比性。即便如此，美国政府的巨额债务危机已经使得政府经常处于关门的边缘，这对于美国普通公众来说是十分不利的。在农耕文明社会，中国的合理税负是李悝定律所描述的“十税一”。但今天中国已经进行了六十余年的工业化建设，社会主义市场经济体制基本确立，但东中西部地区，城市与乡村二元格局仍未发生实质性变化。目前就整体税负而言，我们并不轻，但问题在于税负结构不合理。第一，隐性税负太多，比如土地出让金，各种行政事业性收费，各种潜规则太多。很多时候法定税负不高，但隐性税负很重。当然这是一个社会问题，需要全方位解决。第二，在明规则之中，间接税所占比重太高，直接税比重太低。间接税比重高，会产生财政幻觉现象。即公众只是感觉生活压力很大，但搞不清楚税在哪里，还觉得税负不高。所以要改善直接税比重低的现状。间接税针对所有人都同样进行课税，但实质上不公平。第三，财产税严重缺失。房产税和遗产税的缺失是中国税制结构的重大缺陷。这使得社会分配不公和贫富差距越来越大。

其次，长期财政平衡问题。目前实践中比较突出的是地方政府隐性债务所导致的地方财政平衡问题。一定程度的负债发展可能是刺激地方经济发展的良方，但是过度负债则可能引发长期的财政危机。因为政府债务长期而言会转化为纳税人负担。所以目前财政部正在力推中长期财政规划。相比较而言，中长期财政规划（3 年~10 年）的财政平衡有利于政府保持相对稳定的税负，能给社会和公众一个比较稳定的预期。这样，地方政府官员就不会为了短期政绩进行高负债发展，把麻烦留给后来者的现象。中长期的财政平衡也有利于官员的科学、理性决策。

最后，政府与政府之间的财政平衡问题，具体又包括纵向的财政平衡问题和横向的财政平衡问题。目前学术界重点关注的是纵向财政平衡问题，即中央财政和地方政府的财政平衡问题。实际上地方政府债务问题的一个重要制度原因就是中央财政和地方政府的财政不平衡。在保持中央财政控制力的前提下，适当增加地方财政税源，比如房地产税、遗产税、环境税等，也是必要的选项。另外是关于地方政府与地方政府之间的财政平衡问题，比如东中西部之间，城市与城市之间，财政的横向转移支付，未来也需要在相应的法律规则中予以明确。财政平衡体制的确立，可以说是整个财政体制改革的核心内容。

（三）构建财政公平制度

理财治国的第三方面内容是建立公平的财政制度，通过理财实现社会公平，体现社会正义。古代中国的理财政治家，从管仲开始，到商鞅，再到王安石、张居正都意识到如果政府不进行干预，那么地主豪强兼并土地的现象只能是愈演愈烈，那么社会的贫富差距就会越来越大，社会阶层之间的矛盾就会越来越尖锐。社会矛盾尖锐到一定程度，政权的稳定就会受到冲击。所以王安石变法的一个重要内容就是实行免役法，实行按土地资本征税的方法，变相打击了大地主阶层。张居正一条鞭法的主要内容就是对全国土地进行重新丈量，按照土地多少进行课税，而非按照户数进行课税。这样的改革显然是有利于普通自耕农家庭，不利于地主阶层，尤其是大地主阶层的。今天中国社会阶层的贫富差距，一个重要成因就是现行财政制度的歧视性分配。所以要实现财政公平，首先是要实现公共服务均等化，逐步消除城乡二元体制差距。具体体现在就业、住房、社会保障方面的全民逐步统一。其次就是要改革现行财税制度，完善个人所得税制，逐步向综合所得税制转变，同时开征房地产税和遗产税，构建符合中国国情的财产税制，逐步扭转公众之间不断扩大的贫富差距。

（四）构建财政问责制度

在福山最近关于现代国家的三个核心要素中，法治和责任政府是中国比较欠缺的两个短板。尤其是如果让政府对自己的行为负责，是一个现代政府的核心。在过去六十多年的现代化建设中，屡次出现激进的政治锦标赛竞争，一个重要原因就是我们的官员责任还是农耕文明时代的维稳标准。在这个维稳标准里，只要官员任期内不出事，或者出了事情只要有足够的力量“捂住”不让其发酵，那么这个官员就不用承担任何责任。那么到了今天，中长期的财政均衡已经成为上下的共识，一届政府和官员不能为了自己的政绩让后来的政府官员背上沉重的财政负担。即不能只顾短期利益，而忽视长期后果。整个经济发展与生态环境保护之间也是这样一种关系。不能为了短期经济发展而牺牲生态环境保护。今天我们实际上已经为过去几十年的经济发展付出了沉重的代价。所以在财政领域，要建设问责制度。对于重大的财政行为，要记录在档，中长期内都要考核其成效。这样才能有效地避免为了政治锦标赛，而不顾一切盲目上大项目的问题。

结　论

在推进国家治理体系和治理能力现代化的今天，财政是治国理政的基石性条件。总结中国古代理财政治家的思想理论，使我们发现了中国古代理财治国的内在逻辑，具体又包括了道法自然、财政统一、财政平衡、财政公平、财政责任五个方面内容。结合今天中国的社会转型背景，本书提出符合今天中国国情的理财治国论："财政统一、财政均衡、财政公平、财政责任。"通过这四个方面的制度构建，就可能建设一个有效的现代财政制度，为中国完成两个一百年的奋斗目标打下夯实基础。而在这四个方面的内容之中，财政均衡是核心命题。具体又包括三个方面的均衡：一是政府与公民之间的均衡关系，即公民实际税负水平要找到最佳点，既不能太低，也不能太高；二是长期的财政均衡问题，要吸取希腊主权债务危机和美国国债危机的教训，妥善处理地方债务危机，逐步实现中长期财政均衡；三是政府之间的财政均衡，具体既包括中央财政与地方财政之间的均衡，又包括横向的地方政府之间的财政均衡；三个方面的财政均衡如果能够兼顾，那么不仅可以使整个国家既能保持稳定局面，又能有效的激励经济社会发展，实行中国共产党所设想的两个一百年的战略目标。当然，财政统一是前提，财政公平和财政责任是保障，缺一不可。

第二部分

转型中国社会治理的现实逻辑

第五章

财政民主：国家治理现代化的现实路径之一

一、问题的提出

学术界对于财政民主原则的内涵已经有一些研究。王源扩探讨了财政民主原则的基本内容，即财政决策的民主性……意义及在我国财政法制中的重要地位。“民主制的核心就是财政民主制。民主政治，其核心也是财政民主制。”〔1〕

财政民主的具体制度问题的相关研究则集中于预算改革和参与式预算方面。“浙江温岭……广州等地在不同层面进行了积极的探索，也取得了不错效果。”〔2〕

总之，现有财政民主的定义、历史渊源、权利内容、地方实践、体系构建均有一定的探索，但是整体上仍显得单薄。相比传统法学学科如民法之诚实信用原则、刑法之罪刑法定原则等帝王原则，财政民主之于财政法学同样处于核心地位，但目前的研究对于财政民主的理论渊源和基础、理论内涵仍然需要进一步深入，尤其是随着现代财产权概念的演变，国家治理现

〔1〕 王威、马金华：“论历史视角下财政民主的理论逻辑”，载《中央财经大学学报》2013 年第 3 期。

〔2〕 连家明：“政治生态、财政民主和参与式治理”，载《经济研究参考》2011 年第 9 期。

代化理论的创新，民主理论的发展，地方财政预算试验的进展，都使得财政民主原则有必要进行进一步的梳理，为正在进行的财税体制改革和国家治理现代化提供理论支撑。

二、财政民主原则的理论基础

（一）人民主权理论

“要寻找出一种方式，使它能保卫每个结合者的人身和财富，并且仍然像以往一样地自由。”〔1〕“政府行使公共权力极有可能滥用权力，信息不对称是造成代理问题的根源。”〔2〕而为了解决人民与政府之间的信息不对称，财政透明度规则就被视为一项十分有效的理论而被提炼出来。传统观点认为财政是政治的核心范畴，属于国家机密。但随着社会的发展，这一观点受到挑战。欧洲的民主财政理论与社会契约理论有着十分密切的关联。

“政府债务、政府风险和政府……通过公共预算透明度来换取民众的支持。”〔3〕与此相关联的现象就是：包括欧盟、经济与合作组织、联合国等国际组织近年纷纷倡导提高政府财政信息透明度。尽管各自有其自身的目的，但这些国际组织的提议有一个共同的目标。政府应该是对民众负责的政府，因而不断滥发债务或随意开支以致政府入不敷出。这正是基于政府与人民之间的契约决定的，即政府是为委托人人民的福利服务的，而不能谋取自身利益让人民为此买单。

卢梭忠实地信奉直接民主，对代议制持强烈批评态度。“它

---

〔1〕［法］卢梭：《社会契约论》，何兆武译，商务印书馆2014年版，第19页。

〔2〕See A. M. Florini, “Increasing Transparency in Government”, *International Journal on World Peace*, 19 (2002), 3~5.

〔3〕王威、马金华：“论历史视角下财政民主的理论逻辑”，载《中央财经大学学报》2013年第3期。

只能是一个意志，而绝不能是中间的东西。”〔1〕古希腊、古罗马的人民可以直接行使其权利，因为城邦很小。而现代民族国家使得人民只能通过代议制进行政府组织，人民要履行其权利，通过财政透明度规则来体现其权利，成为比较现实可行的规则。

（二）公共选择理论

“民主政府在财政领域……坚持立宪态度。”〔2〕“公共选择……导致人们重视规则、宪法……规则问题是一致如何达成……的关键问题。”〔3〕基于公共选择理论对于管理机构的分析，作为最高规则的宪法规则显得十分重要，因为宪法很难修改，因而更能够体现人民的主权意志。那些很容易修改而不是稳定的行政规则，很容易为行政机关的官僚们所滥用，为自己的私利而随意调整。财政制度是规则之后的规则，因而通过财政民主来迫使财政制度成为几乎是永久不变的制度，是实现民主和法治的前提性条件之一。

（三）公共财产权理论

近年财税法学界“公法之债”的提出打破了传统观念中私法与公法之间的界限。公法之债理论将税不再视为是一种国家权力对公民单方强制的行为，而是一种公法意义上的债权债务关系。日本学者北野弘久主张彻底的税收债务关系说。“从法实践论为标准来考察，租税法律关系可被归结为公法上的债权债务关系。”〔4〕

---

〔1〕［法］卢梭：《社会契约论》，何兆武译，商务印书馆 2014 年版，第 35 页。

〔2〕［美］詹姆斯·M. 布坎南：《民主财政论》，穆怀朋译，商务印书馆 2015 年版。

〔3〕［美］詹姆斯·M. 布坎南、戈登·塔洛克：《同意的计算——立宪民主的逻辑基础》，陈光金译，中国社会科学出版社 2000 年版。

〔4〕［日］北野弘久：《税法学原论》（第 4 版），陈刚等译，中国检察出版社 2001 年版，第 161~163 页。

在此基础上，学者对财产权理论概念进行了进一步拓展。“从财产权绝对到财产权承担社会义务……的功能从保障私人自由任意……变为承担社会利益再分配。”〔1〕基于现代财产权概念的发展和公共财产权的提出，将财政税收视为政府的公共财产权具有正当性。“公共财产的取得应当公开透明……程序。……对公共财产权行使的正当性约束，……还应依托于符合民主要求的程序规则……流程管控和支配监督。”〔2〕财政税收作为政府的公共财产权，必须符合民主要求的程序规则，这就导致财政民主原则成了财政税收法律领域的基础性原则。

三、财政民主原则的内涵

基于人民主权理论，公共选择理论和公共财产理论，财政民主原则构成了财政法的基本原则。财政民主原则还具有宪法依据。《中华人民共和国宪法》（以下简称《宪法》）第 2 条明确规定：“中华……一切权力属于人民。”《宪法》第 12 条规定：“社会主义的公共财产……公共财产。”

（一）传统财政民主原则的内涵

1. 无代表则无纳税（收入民主）

“随着至世纪新兴资产阶级……契约论和自由主义思想广为传播，……税收成为政府的‘购买和平的对价’。”〔3〕征税需要得到人民的同意，成为财政民主的基本内容，得到各国承认。通过议会来控制征税权成了体现人民民主的基本内容。英国的光荣革命、美国独立战争都因征税权的争夺而启动。相关内容在

〔1〕张翔“财产权的社会义务”，载《中国社会科学》2012 年第 9 期。

〔2〕刘剑文：“公共财产权的概念及其法治逻辑”，载《中国社会科学》2014 年第 8 期。

〔3〕［英］霍布斯：《利维坦》，黎思复、黎廷弼译，商务印书馆 1985 年版。

各国成文宪法中均得到了相应表述。

2. 预算民主规则（支出民主）

到了20世纪之后，财政民主从对征税权的关注开始转向对预算的控制。“随着财政规模的膨胀，……财政领域纳入法律视野之中，……税收法定扩展到预算法定。”〔1〕以美国为例，虽然1789年《宪法》即已确立国会的征税权，但现代意义上的预算制度却一直未能建立。“在19世纪末期经济腾飞、财政扩张……财政支出爆发了普遍的严重腐败现象。……纽约市1908年编制首份现代预算为先导……联邦也于1921年通过《预算与审计法》。”〔2〕

3. 程序正义规则（程序民主）

民主的重要标志就是程序的合法性。“财政决策的民主性，……首要要求，是指国家的一切财政收入和支出……由民主程序做出，以保证真正由人民当家做主。”〔3〕

4. 预算监督机制（事后民主）

财政民主原则不仅要求财政的民主决策，更要求对财政事务进行有效的民主监督。对财政的监督体首先体现为人民代表大会的监督。各级人大常委会是宪法赋予的对行政机关工作进行监督的机构。《宪法》第67条第6款明确规定：“全国人大常委会监督国务院……的工作。”由选举产生的人民代表所讨论的重大财政……透明的、具体的，对纳税人和所有公民郑重负责的。

---

〔1〕［日］美浓部达吉：《议会制度论》，邹敬芳译，中国政法大学出版社2004年版。

〔2〕刘剑文：“论财政法定原则”，载《法学家》2014年第4期。

〔3〕王源扩：“论财政法的民主原则”，载《安徽师范大学学报（人文社会科学版）》2007年第5期。

（二）财政民主原则的新发展

传统的财政民主原则越来越受到挑战。20 世纪后半期资本主义国家滞胀的出现，凯恩斯主义被严厉批评，公共选择学派应运而生。正因为如此，传统的间接民主理论和传统财政民主原则无法实现人民主权，立宪主义和财政透明度规则应运而生。[1]

1. 财政立宪主义

所谓财政立宪主义，即要求对财政权予以宪法上之根本约束。因为一般法律法规十分容易修改，因而不利于对人民形成稳定之预期，也不利于对纳税人权利予以保护。“对所有决策，包括公共决策使用全体一致规则，是个人可借以确保不给他造成成本的唯一方法。”然而严格的全体一致规则的社会成本太高，以致实践中并不可能在一个大国中实施，那么最接近这种全体一致规则的规则制定就是立宪，即通过绝对多数的刚性规则来降低规则修改的外部成本，使得法律规则被操纵的可能性大大降低。

2. 财政透明度规则的发展

国际货币基金组织财政事务部制定了《国际公共部门会计准则》和《财政透明度手册》（以下简称《手册》）具体涵盖：“政府应当明确其职责；政府必须全面公开预算信息；政府公开其预算编制和决策程序；政府提供真实的数据。”[2]多数学者认为发现透明度的提升会降低腐败发生的可能性，并进一步带来经济绩效的提升。但也有学者发现透明度和信任之间的关系

〔1〕［美］詹姆斯·M. 布坎南、戈登·塔洛克：《同意的计算——立宪民主的逻辑基础》，陈光金译，中国社会科学出版社 2000 年版，第 76 页。

〔2〕 See Dawn Elizabeth Rehm, Taryn Parry: “Manual on Fiscal Transparency”, *International Monetary Fund*, 2007.

是复杂的，过分地依赖透明度也许会损伤信任。〔1〕初期对财政透明度规则的理解重点关注于财政透明，即财政公开，但最新的研究开始关注“度”的问题。即很多实质研究表明财政透明度过高有可能降低政府公信力。而政府公信力过低则可能与财政透明度规则的初衷产生矛盾。财政透明度规则除了体现财政民主之外，同时也是为了提高政府公信力，否则政府很难有动力去推动这项工作。

四、中国财政民主原则的现状

（一）制度层面的缺失

1. 无宪法制约

公共选择学派给我们的最大启示就是不能把政府假设为无私的、抽象的主体，而是必须加以约束的对象。传统的代议制民主是无奈之下的选择，只有在源头加以近乎永久性的刚性约束，才可能防止政府以税收名义合法地侵犯公民的财产权。“乱收费并非简单的财政收支问题……只能靠中央—地方关系的改革和地方财政民主制度的建立。”〔2〕这些问题实质上就是宪制问题，而我国对于财政问题尚无宪法上有效之制约。

2. 财政法律缺失

现有法律，许多存在着理念过时问题，且法律普遍过于原则化，可操作性较弱。由全国人大及其常委会制定的专门性财政法律只有5部，距离30部~40部的应然规模相去甚远，大量的财政行为无法可依。

---

〔1〕 See O'Neil, *A Question of Trust* (*the* 2002 *Reith Lectures*), Cambridge University Press.

〔2〕 樊纲：“地方乱收费的治理与地方财政民主制”，载《财政研究》1999年第4期。

3. 公民参与决策机制缺失

“上海市闵行区的人大预算初审……通过法治途径确保预算公开，……参与财政预算的程序机制……预算的民主控制。”〔1〕同时，在中国的绝大多数地区，公民参与财政决策机制仍然十分欠缺。

（二）制度实施层面

1. 财政信息不透明

“目前无论在财政信息公开机制……财政监督机制与财政救济机制上……人民主权原则和法治原则，……强化公民财政决策机制，提升财政监督……财政救济机制的功能。”〔2〕现行的国务院组织法除部门机构无数量限制、副职人数无限制、监督机制不足等广为诟病的缺陷外，一个重大缺陷就是对于各部门的职责没有清晰界定。地方政府组织法也存在类似的问题。

上海财经大学已经连续七年跟踪评价中国政府的财政透明度情形。在中国的五级财政政府制度之下，省级政府是相对比较规范、人员素质较高的一级政府。省级政府财政透明度为对象的最新研究显示：“省级财政透明度……31个省份的平均得分仅为36.04分；……各项财政信息公开状况很不均衡……部门预算及相关信息……相对较低。”〔3〕省级政府尚且如此，那么市县乡级政府的财政信息可想而知。简而言之，自2008年《政府信息公开条例》实施以来，中国的财政信息公开有进步，但是离财政民主的要求还比较远。

---

〔1〕戴激涛：“协商机制在预算审议中的引入：财政民主之程序构造”，载《苏州大学学报（哲学社会科学版）》2010年第6期。

〔2〕胡伟：“论完善实现中国财政民主的法律机制”，载《政治学研究》2014年第2期。

〔3〕杨丹芳、吕凯波、曾军平：“中国财政透明度评估（2015年）”，载《上海财经大学学报（哲学社科版）》2015年第5期。

2. 财政责任不明确

目前的制度安排更多地依靠道德感召而非制度强制来推进财政透明度规则。《政府信息公开条例》第35条规定："行政机关违反本条例的规定，……情节严重的，对行政机关……处分。"正是由于政府信息公开条例本身对于违反财政透明度规则的行为惩罚的可操作性较差，使得目前的财政透明度建设进展缓慢。

在目前的中国政治实践中，对于财政信息公开本身尚存在很大的争议。财政权力是政府的核心权力，所以财政民主和财政法治就是人民民主的集中体现。但目前很多官员和学者都似乎偏向于法治应该优先于民主的观点。所以对违反财政信息公开就要对主管官员进行责任追究，似乎还未形成一致的观点。所以尽管《政府信息公开条例》进行了规定，但无相关配套法律法规与之对接，则无法落实财政责任之追究。

五、中国财政民主原则的现实路径

（一）财政的宪法约束

从长远来说，目前《宪法》中第56条规定的人民有依法纳税的义务不足以表达人民对于财政的主权，而应以单独的条款对人民的财政主权地位予以明确，从而从根本上约束政府任意课税的权力。

（二）落实财政法定原则

在财政基本法缺失情况下，2015年通过的《立法法（修正案）》，加强了对于税收的宪法性约束，但仍然存在某些不明确之处。2014年年底全国人大立法法草案二审稿中"税种、纳税人、征税对象、计税依据、税率和税收征收管理等税收基本制度只能由法律规定"的表述在最后变更为"税种的设立、税率的确定和税收征收管理等税收基本制度只能制定法律”。《十八届三中全会决定》第十章专门强调“强化权力运行制约和监督体系，而财政控权乃是权力制约之本，财政权力法治化是整体权力法治化的核心和关键”。具体来说，目前要加快推动包括增值税法在内的15部条例上升为法律的立法工作，同时积极推动个人所得税法修订工作，房地产税和资源税法的立法工作。

（三）强化公民财政决策机制

首先是要对人大财政决策权科学化、规范化。基于此一方面，将《立法法》和《预算法》的相关规则进一步细化，突出程序性规则。

其次要构建公民参与财政决策制度。间接民主存在天然的缺陷，只是人类没有办法的选择。经过几百年的政治实践，公众参与政治决策已经成为共识。“包括公民参与财政决策启动程序……以及决策问题解决程序……论证程序、评议程序、咨询程序等。”〔1〕尤其是关于听证程序等，对于公民积极参与财政决策有着十分重要定义。

（四）财政透明度规则

为了推进财政透明度建设，除了在宪法或宪法性法律中加入前述对财政透明度的内涵的界定，还需配套制定相关法律规则体系。首先是修改各级政府组织法，包括国务院组织法和各级人民政府组织法。这个问题不解决，十八届三中全会提出的“处理好政府与市场的关系”无法从源头上厘清。“负面清单”模式自然是大大的进步，但仍然属于行政内部措施，属于不稳定、非常态的政策范畴。

其次要制定《行政程序法》，构建公民参与财政监督机制。

---

〔1〕 胡伟：“论完善实现中国财政民主的法律机制”，载《政治学研究》2014年第2期。

在民主恳谈基础上构建符合地方实际的参与式民主机制。

然后，将《政府信息公开条例》（以下简称《条例》）上升为《政府信息公开法》。为了真正实现真实、透明、适度的政府信息公开，借鉴各国通例，制定法律规则层面的《政府信息公开法》是不二选择。现行《政府信息公开条例》与《中华人民共和国保密法》《中华人民共和国立法法》《中华人民共和国档案法》存在冲突。这些冲突需要提高条例的法律位阶，才能予以解决。关于财政透明度的适度问题，应该以《中华人民共和国保密法》为限。因长期以来，我国将公共事务几乎均视为保密内容，所以当下首先是推进财政透明度规则的全面实施，以公开为原则，不公开仅以法律为限。

（五）财政问责规则

最后是建设责任政府，实行财政问责制度。由于财政透明度规则的实施出于整个公众的利益，对财政透明度规则的违反往往侵犯的也是整个公众的利益，但却让每个具体的公民无法感受到自身利益被侵害，因而通过司法诉讼方式来追究违反财政透明度规则的政府和官员变得很难操作。

所以在现实国情下，唯一可行的责任追究方式是通过政治问责的方式来推动财政透明度规则的实施。首先要强化人大及其常委会对政府财政权力的监督职能。《宪法》第 69 条规定："全国人大常委会有职责监督国务院的工作。"第 73 条规定："全国人民代表大会代表……有权依照法律规定的程序提出……质询案。"

其次考虑修改《关于实行党政领导干部问责的暂行规定》，将政府官员违反财政透明度规则的行为视为应该进行政治问责的情形之一。稳妥起见，财政问责制度可以在部分地区先行进行试点，视其效果再进行推广。

（六）进一步完善预算法

2014年的《预算法》已经通过，表明中央对于预算推动改革的共识已经达成。“美国进步时代通过……的历史经验，从各方面来看，这恐怕也是……的一条改良路径。”[1]闵行区的经验主要是三点：“细化预算，提前公开预算信息，落实人大预算审查权。”构建公民参与预算的协商机制，首先应当贯彻预算公开原则；其次在预算公开的基础上，建立起制度化的公民协商程序，通过辩论给予预算参与者的发言机会，逐步推动预算民主。新的《预算法》第1条明确指出预算法的目标是：“建立健全全面规范、公开透明的预算制度”，但是之后的规定基本上还是将预算权局限于人民代表大会、常委会和政府财政部门手中，并未考虑公民的预算权问题。《预算法》第14条关于预算报告的公开也都是事后公开，这对于公民的预算知情权，预算参与权都十分不利。

未来预算改革应该着手从几个方面入手，进一步完善预算法。首先是建立有效的公民预算权利保障制度，尤其是预算透明度建设，进一步细化预算，而且是让公众看得懂的预算。从事后公开进一步朝着事前公开迈进，让公众可以在预算决策中发挥重要作用；其次是建立制度化的预算协商机制。闵行区的经验可以复制。通过制度设计让社会各界广泛参与到预算讨论中来，形成科学化、民主化的财政。

---

〔1〕连家明：“政治生态、财政民主和参与式预算”，载《经济研究参考》2011年第9期。

第六章

分配正义新论：国家治理现代化的现实路径之二

一、问题的提出

西方学者中最早研究正义的是柏拉图。柏拉图排除具体的正义形式，认为正义就是将每个人的所得给予他。这一由于柏拉图而闻名的关于正义的经典定义，即政治权力的分配正义，在历史演变过程中具有不同的内核。对于什么是“每个人的所得”进行分配而言，有古代与现代的不同，大致言之，古代社会分配给“每个人的所得”的是责任，而现代社会分配给“每个人的所得”的是权利。〔1〕亚里士多德说“正义就是比例”，“分配的正义……同等的情况应该同样地对待——平等的应当平等对待，不平等的应当不平等的对待”。〔2〕

罗尔斯把自己的正义观念确定为“作为公平之正义，正义总意味着平等。所有的社会基本自由和机会、收入和财富及自尊的基础都应被平等地分配，……所有社会基本善的一种不平等分配有利于最不利者”。〔3〕

---

〔1〕 万绍合：“从古代正义到现代正义”，浙江大学2004年博士学位论文。

〔2〕［古希腊］亚里士多德：《尼各马科伦理学》，苗力田译，中国社会科学出版社1999年版，第101页。

〔3〕 参见［美］约翰·罗尔斯：《正义论》，何怀宏等译，中国社会科学出版社1988年版，第292页。

在哈耶克的话语中，分配正义是指与自由文明社会、大社会相对立的“新道德”，是社会主义的基本价值、核心诉求和……人们从早期社会中继受而来的本能的一种诉求，是与自由、文明社会的价值理念背道而驰的。[1]以马克思的历史唯物主义的视角来看，正义与分配正义并没有异质性，二者都属于法权观念，辩谈正义或分配正义都是囿于形而上学……正义和分配正义都是在私有制下产生的观念。[2]

近年来，中国学者也开始关注此问题。高兆明认为：“应当从制度变迁成本担当与收益享有的角度来认识弱势群体形成的特殊性，弱势群体应当享有与其……不应仅是基于道义的，更应是基于政治正义的补偿正义。”[3]向玉乔则具体探讨了分配正义原则的具体内容……正义为价值目标的社会制度建设应该遵循机会平等原则、责任同等分配原则、分配标准与程序合理原则、纠正不公原则等四个分配正义原则。[4]

总之，现有研究已经认识到分配正义是制约中国经济社会进一步向前发展的重大问题，是中国跨越中等收入陷阱的重要障碍。中国今天所有的经济社会问题，背后都有现行财政制度的影子，比如国企改革问题、中央与地方关系问题。中国现行财政不是总量问题，而是结构问题。十八届三中全会把财政视为治国理政的基石，而现代财政制度的构建成了全面建成小康社会的基础性制度。国内学者们提出了财税法的分配正义问题，

---

〔1〕［英］哈耶克：《法律、立法与自由》（下册），邓正来、张守东、李静冰译，中国大百科全书出版社2000年版，第121、250页。

〔2〕 See Allen E. Buchanan, *Marx and Justice: the Radical Critique of Liberalism*, Publication info: London: Methuen, 1982, p. 55.

〔3〕 高兆明：“分配正义三题”，载《社会科学》2010年第1期。

〔4〕 向玉乔：“社会制度实现分配正义的基本原则及价值维度”，载《中国社会科学》2013年第3期。

但对于中国语境下的分配正义问题的内涵、理论基础等缺乏深入的研究和论证。

二、分配正义原则的理论基础

（一）古典的正义思想

古典的正义思想与平等有很大关联。柏拉图提出的关于正义的命题：每个人得到他所应得的。在柏拉图的理想国中，“一个安排得非常理想的国家，必须妇女公有，儿童公有……战时平时，各种事情男的女的一样干”。〔1〕“在平民政体中，正义就被认定为平等。正义的分配是以应该付出恰当价值的事物授予相应收受的人，应该考虑到每一受任的人的才德和功绩。”〔2〕当然柏拉图所探讨的正义在很大程度上是政治权力的分配，也可以说是一种责任的分配。但是柏拉图所设想的平等和正义却如他的代表作《理想国》一样，是一种抽象的彼岸存在，在现实中并不存在。

亚里士多德显然看到了这一点，提出在不同政体下的正义就意味着不同的含义。寡头制下的正义与平民政体下的正义完全不同。所以抽象的正义具有理论价值，却离现实太过遥远，缺乏实践价值。因而正是在这个意义上，马克思并不十分关注抽象的正义问题。而亚里士多德就比他的老师更关注实际政治的运行。他提出了正义的比例原则，即同等情况下同等对待。其次他还提出了补偿正义和交换正义。比例正义原则是通常情况，而补偿正义则是对特殊情况的校正。

〔1〕［古希腊］柏拉图：《理想国》，郭斌和、张竹明译，商务印书馆 1997 年版，第 312 页。

〔2〕［古希腊］亚里士多德：《政治学》，吴寿彭译，商务印书馆 1997 年版，第 136 页。

亚里士多德的分配正义被发展到极点就是功利主义，最大多数人的多数幸福，甚至以牺牲少数人的福利为代价。这个观点被罗尔斯强烈批评。而对罗尔斯最有力的批评来自于以诺齐克为代表的自由主义者。他认为，如果只考虑分配的结果，那么有的人在监狱里受苦，有的人在家里享福，这就是不公平的。但如果考虑到分配的原因：在监狱里受苦的人是因为侵犯了他人的合法权利，享福的人是经过了一天的辛勤劳动，这都是各自应得的结果。〔1〕

无独有偶。东方的老子、孔子也讨论了正义的命题。老子认为“天地不仁，以万物为刍狗”〔2〕，“大道废，有仁义”〔3〕，“绝圣弃智，民利百倍；绝仁弃义，民复孝慈”〔4〕。在老子看来，最大的正义是合乎自然之道。过于关注仁义本身，说明社会本身不仁义。在老子的理想国中，小国寡民，老死不相往来。民风淳朴，安居乐业，就是最大的正义。孔子则说：“君子喻于义，小人喻于利，君子之于天下也，无嫡也，无莫也，义之与比。”〔5〕在孔子看来，义与仁互为表里，仁是君子的内在约束，而义是君子的外在约束。而且义主要是针对君子的，即士以上阶层。孔子还认为：“丘也闻，有国有家者，不患贫而患不均，不患寡而患不安。盖均无贫，和无寡，安无倾。”〔6〕孔子以对话

〔1〕 参见［美］彼彻姆：《哲学的伦理学》，雷克勤等译，中国社会科学出版社1990年版，第342页。

〔2〕（魏）王弼注：《老子道德经注》，楼宇烈校释，中华书局2011年版，第五章。

〔3〕（魏）王弼注：《老子道德经注》，楼宇烈校释，中华书局2011年版，第十八章。

〔4〕（魏）王弼注：《老子道德经注》，楼宇烈校释，中华书局2011年版，第十九章。

〔5〕 金良年撰：《论语译注》，上海古籍出版社2011年版，第92~94页。

〔6〕 金良年撰：《论语译注》，上海古籍出版社2011年版，第257页。

的形式探讨了分配正义问题。在他看来，分配上贫穷要比分配不均好。这些思想对于今天仍然有借鉴意义。固然孔子所讨论的是春秋时期的社会，但是孔子所处的时代并非商业落后的时代。孔子的学生子贡已经是富可敌国的商人，说明当时的商品经济已经高度发达了。所以，中西方的圣人在古代已经探讨了正义和分配正义的问题。两者的区别在于柏拉图和老子的正义观相对抽象，而亚里士多德和孔子的正义观更富于操作性。这也是亚里士多德和孔子对后世影响更大的原因。

（二）现代正义论

现代正义论以罗尔斯为代表。他将正义概括为两个原则：第一，每个人对与所有人所拥有的最广泛平等的基本自由体系……自由体系都应有一种平等的权利（平等自由原则）。第二，社会的和经济的不平等应这样安排，使它们：(1) 合于最少受惠者的最大利益；(2) 机会的公平平等原则。[1]前一个正义原则主要讨论政治权利，后者则重点关注经济社会权利。在罗尔斯看来，在20世纪后半期，至少对发达资本主义国家而言，政治权利的问题基本已经解决，因而它重点关注经济社会权利的正义问题。而在第二个正义原则中，罗尔斯的创新重点在于差别原则。更关键的在于这几个原则是有先后顺序的。在罗尔斯看来，第一个正义原则优先于第二个正义原则，即政治权利的正义优先于经济社会权利的正义原则。而在第二个正义原则中，机会平等又优先于差别正义原则。所谓差别正义原则就是指只有一种不平等是可以被允许的，即最有利于最少受惠者的不平等。

罗尔斯的正义论影响最为深远。但诺齐克秉持自由主义的观点对罗尔斯的正义论进行了强有力的批评。其争议在于差别

〔1〕［美］约翰·罗尔斯：《正义论》，何怀宏、何包钢、廖申白译，中国社会科学出版社2009年版，第7页。

原则。至于政治权利的正义和机会平等的正义，几乎所有学者都是一致的意见。最少受惠者的原因是什么？什么是最有利于最少受惠者？诺齐克就认为不能仅仅因为一个结果来讨论相应制度安排。最少受惠者是一个结果，而不是原因。如果是因为赌博或懒惰导致的贫困，是否应该受到社会的保障？所以诺齐克的正义观中，更强调正义的取得和转让是通过自由的方式进行。所以罗尔斯和诺齐克的正义论是高度重叠的，但是着重点不同，前者更强调平等，后者更强调自由，尽管两者都没有单独考虑其中一方面。马克思批判了抽象的正义论，而是强调分配中的按劳分配，即从生产关系上根本解决分配正义问题。某种意义上，罗尔斯吸收了部分马克思对资本主义的批判，更加强调平等，而且从操作层面提出了差别原则，有着十分重要的理论价值和实践意义。

（三）公共财产法理论

传统意义上财产权是一个私法概念。近年来，财税法学界“公法之债”的提出打破了传统观念中私法与公法之间的界限。[1]公法之债理论将税不再视为一种国家权力对公民单方强制的行为，而是一种公法意义上的债权债务关系。日本学者北野弘久主张彻底的税收债务关系说。他认为：“我们是以法实践论为标准来考察税法学原理，所以应将租税法律关系中心归结为公法上的债权债务关系。”[2]

在此基础上，学者对财产权理论概念进行了进一步拓展。张翔认为：“从财产权绝对到财产权承担社会义务的转变，意味

---

〔1〕 黄茂荣：“税捐债务”，载《税法总论》（第3册），植根法学丛书编辑室2008年版，第1~338页；刘剑文、熊伟：《税法基础理论》，北京大学出版社2004年版，第53~70页。

〔2〕［日］北野弘久：《税法学原论》（第4版），陈刚等译，中国检察出版社2001年版，第161~163页。

着……保障私人自由任意地使用和支配财产转变为开始承担社会利益再分配。"[1]王卫国主张对财产权理论进行重新构建。[2]刘剑文教授进一步提出了“公共财产权”理论。公共财产权是指政府基于其公共性……征收土地房屋、收费、发行公债等对价性给付，以及支配这些财产的权力。[3]

基于现代财产权概念的发展和公共财产权的提出，将财政税收视为政府的公共财产权具有正当性。同时因为财政税收是“公共财产”，因而其最大的特征在于“公共性”，因而其取得、使用等过程都应该以公开透明的方式向公众展示。目前，中国经济社会中最大的分配不公实际上是财政税收制度本身的分配不正义。而财政税收作为一种公共财产权，其最大的特征就是其公共性，即实现整个纳税人的公平正义。正因如此，分配正义成了整个财政税收制度的基本原则。

三、分配正义原则的理论内涵

无论是西方的柏拉图、亚里士多德，还是东方的老子、孔子，对正义的理解，实际上是与平等相等同的。只不过柏拉图和老子朝向的是理想世界，思考的是形而上的道，而亚里士多德和孔子则从现实的政治世界出发，形而下的层面来思考正义问题。亚里士多德和孔子都认识到了抽象的正义无法实现，不同的政体下正义标准不同。具体而言，亚里士多德强调比例原则，而孔子则强调“不患寡而患不均”。当然，东西方的圣人眼中的正义是广义的，不仅包括政治权利的平等，也包括经济社

---

〔1〕 张翔“财产权的社会义务”，载《中国社会科学》2012 年第 9 期。

〔2〕 王卫国：“现代财产法的理论建构”，载《中国社会科学》2012 年第 1 期。

〔3〕 刘剑文、王桦宇：“公共财产权的概念及其法治逻辑”，载《中国社会科学》2014 年第 8 期。

会权利的平等。到了马克思这里，对于抽象的正义论进行了更为猛烈的批判，在他看来，不仅抽象的正义相对次要，相比经济社会权利的平等来说甚至是个虚伪的概念。在这个意义上讲，罗尔斯的正义论也受到了马克思的影响。他们都强调经济社会权利平等的重要性，只不过罗尔斯仍然坚持政治权利平等的优先性，而马克思则彻底抛弃了抽象的正义概念，更关注生产方式和生产关系的革命，从源头来解决问题。至于德沃金和诺齐克的思想则是自由主义思想的阐释而已。

如果一定要给分配正义下一个定义的话。可以认为分配正义可以从两个层面来理解：广义的分配正义包括政治权利的平等和经济社会权利的平等，是两者的辩证统一。狭义的分配正义则主要指经济社会权利的平等。具体而言，无论是政治权利的平等还是经济社会权利的平等，又可以区分为实体权利的平等和程序权利的平等（机会平等）。狭义的分配正义，又包括应然和实然两个层面。应然层面，分配正义本质上是为了实现让每个人得到他所应得的一套制度。实然层面，分配正义可以区分为三个方面：首先是比例规则，即同等情况同等对待，不同情况不同对待；其次是差别规则，即允许符合最不利者利益最大化的差别对待。在改革中对于利益受损最大的群体或弱势群体应予以补偿；然后是排除规则。对于社会中弱势群体，要考虑其原因具体分析，不能只看结果，不考虑原因。如因个人懒惰或恶习造成的弱势地位，则不宜一概予以帮助。

即便是狭义的经济社会权利分配正义，也贯穿于现代国家的所有政治法律制度之中。但在所有现代政治法律制度之中，最基础的是现代财政制度。一个现代国家的正义与否，都会体现在财政制度之中。改革开放三十多年以来，中国的经济总量已经是世界第二，跨越中等收入国家在即，最大的障碍就是收入分配不公。其实质就是经济社会权利分配的不正义。在这种分配的不正义的背后，就是中国现行的财政制度的不正义。具体说来，就是巨大的财政歧视性分配和特权分配。所以中国的收入分配改革绝非是一个简单的“提低、稳中、调高”问题，而是整个财政制度分配不正义问题。财政制度的改革绝非是简单的经济问题，更是深层次的政治问题。在这一点的认识上，所有的思想家都没有超越马克思。政治问题是经济问题的集中表现，财政制度的改革就是全面深化改革的关键之所在。对于现代国家的公民而言，分配正义主要就是经济社会权利的正义。

四、财税体制改革新路径——从分配正义入手

分配正义对于今天的中国而言，主要体现在以下几个方面：首先体现在财政的歧视性分配；其次体现为财政的特权性分配；最后是税制结构极不合理。这是三种最大的不正义。

歧视性分配又表现为几个方面：一是城乡歧视性分配；二是体制内外歧视性分配。前者是城市对农村的歧视；后者则是体制内对体制外的歧视。这两种歧视性分配的根本解决依赖于市场经济的高度发展，但是现行的财政制度是一个非常大的阻碍。如果解决得好，可以反过来极大地释放中国经济的活力。财政的特权性分配则表现为一种合法的腐败。特权性分配则是对苏联计划经济和官僚供给制学习的产物，是改革的最后也是最强有力的阻碍。对特权性分配的阻碍是比反腐败更为困难的问题，是检验改革成败的关键一环。这也是实现实质意义上的分配正义的主要目标。围绕这两种分配不正义，可以考虑从以下角度对现代财政制度予以重构。税制结构不合理，表现为间接税在整个税制中比重太高，直接税比重太低。这使得老百姓的隐性税负太重。税负主要负担在工薪阶层上，而富人的税负

太轻。财产税基本是空白。由于分类所得税制和征管制度问题，仅有的个人所得税，也没有起到调节贫富差距的作用，反而不断加大了财富分配差距。老百姓的隐性税负还体现在大量的非税财政收入，呈现出不受人民意志约束，完全任由行政部门控制的局面。如大量政府性基金、行政事业性收费、财政专项资金等。总而言之，现行财政制度不仅没有校正市场经济发展中的分配不正义，反而进一步违反了差别原则，使得社会弱势群体的福利进一步减少，也违反了排除规则，使得一些虚假的群体获得了不应得的福利，从而使得整个社会的福利水平差距进一步恶化。为了解决存在的分配不正义问题，基于前文提出的比例、差别和排除三原则，可以考虑从以下方面着手：

（一）实现公共产品均等化供给

纵观目前中国经济社会中的贫富差距问题，导致城乡收入差距的一个重要原因通常被认为是户籍问题。然而仔细思考下来，户籍只是一个表面现象。附着在户籍背后的福利才是导致收入差距不断扩大的原因。而且收入差距也不仅体现在城市与农村之间，更体现在不同的城市之间。不同的城市背后的社会保障、就业机会等社会福利都无法对接。一个养老保险问题，目前还无法做到省级统筹，距离全国范围的养老统筹就更加遥远了。正因如此，户籍改革是一个表面的问题，根本问题是隐藏在户籍背后差别巨大的福利。北京、上海的户籍，省会城市户籍，地级市户籍，县级市户籍，农村户籍等代表的是不同等级的社会福利。即便在北京市内部城八区户籍和郊县区户籍也代表着等级内的不同等级的社会福利。不同等级的社会保障水平，包括住房、医疗、教育、就业等都有很大不同。所以现在即便取消了形式上的户籍制度，也必然会出现一种户籍的替代形式来对人群进行区分，因为现行的财政制度无法满足对所有人按照现行户籍人口的标准来提供公共服务。根本的解决方法在于不断推进公共产品的均等化服务。现在包括住房、医疗、教育、就业方面的公共产品服务是高度分层的。逐步取消特权阶层的高福利公共产品，稳步提高中低收入群体的公共产品服务，才是稳妥的解决之道。坚持增量改革与存量改革相结合，才可能在财政资源不足的背景下，逐步实现公共产品供给的均等化。

（二）落实财税收入法定原则

财政收入的法定，即把政府的征税权严格控制在人民手中。2015 年《立法法》的修改，明确了税种的确立、税率的变化和税收征管制度等只能制定法律。然而一波还未平息，一波又要涌起。大量的非税收入的开征再次引起了学术界的关注。典型的就是大量的政府性基金和财政专项资金。[1]这些财政收入虽然被纳入预算管理，但是不需要经过人大批准，而且面向大规模的纳税人直接征收，是一种典型的隐性税负。所以税收法定还没有得到真正落实，财税法定的问题已经浮出水面。如果说大量的非税收入可以任由行政机关开征，那么税收法定即便全面落实，实质上也早已被釜底抽薪。尽管目前落实税收法定原则已经被写入十八届三中全会文件，中央也在全力推进，要求在 2020 年基本完成。但是现在看来，即便 2020 年实现了这个目标，如果不在整个财政领域实现财税法定原则，那么我们离真正的法治国家还很遥远。首先是在 2020 年实现税收法定，把现行 18 个税种上升为法律。然后在此基础上，全面推动整个财税领域的法定。

〔1〕 参见财税［2016］6 号财政部关于征收工业企业结构调整专项资金有关问题的通知。

（三）财政支出的法律控制

改革如逆水行舟，不进则退。应该进一步加大对财税法定原则的研究，具体包括财政收入法定和财政支出法定，才能真正实现理财治国，通过财政治理国家，实现真正的法治和人民民主。在财政支出领域，有几个比较突出的方面：

第一，大量的财政补贴。从分配正义的角度来看，财政补贴是一种典型的差别原则的体现。分配正义的基础规则是同等情况同等对待，而财政补贴则是针对特定人群的财政支出。从形式上看，财政补贴是违反分配正义原则的，除非财政补贴是符合罗尔斯所说的符合最不受益者的利益最大化的支出。具体到中国而言，财政补贴只有被用于改革中因改革而利益受损并且是社会弱势群体的人群，才符合分配正义的差别规则。而且对于弱势群体的判断需要精准判断，并分析造成这种结果的原因，不能一概而论。如诺克齐所说造成贫困的原因不能是懒惰或恶习，如果是懒惰或者赌博而造成的贫困，则并不值得同情。在目前中国的市场经济中，一方面大量的强势企业由于和政府关系紧密反而获得大量财政补贴，如石油石化企业；另一方面，一些企业的生产和供给根本已经不符合市场需求，为了维持就业，不断获得政府财政补贴，成为僵尸企业，形成恶性循环。总之，对财政补贴要严格控制，尽量压缩，同时要精准扶贫，不要让强势群体以弱势群体的名义骗走财政补贴。这种情况在低保户、产业政策补贴等方面表现十分突出，对此要适用排除规则。

第二，在财政转移支付领域的分配正义问题。首先是没有法律规则。每年 4 万亿的财政转移支付，没有一部法律，甚至行政法规来规范。由于没有权威的法律规范，所以这个领域的不规范可想而知。没有法律的刚性存在，必然导致这个领域的任意性和自由裁量权过于随意。其次是财政转移支付的结构性问题。即一般性转移支付比重偏低，专项转移支付比重太高，占到整个财政转移支付的一半以上。跑部钱进的现象大多源于此。当然这个问题，正在解决之中，但是仍然缺乏制度层面，尤其是法律规则的约束，存在随时反弹的可能性。最后是在巨大的财政转移支付中，依照什么原则来进行上下级、平级之间、东中西部之间的转移支付，存在不少的合法性问题值得探讨。因为财政转移支付是典型的不符合形式分配正义的政府行为，故而也要求其符合实质的分配正义原则。具体可以依据差别规则和排除规则来结合进行。首先是要机会平等；其次是要精准转移，找到真正需要帮助的群体；最后是要对具体地区进行具体分析，分析其落后的原因是自然原因还是人的原因。如果是人的原因，则不宜直接予以资金支持，而应加强教育培训，加强其人力资源。

（四）税制的结构性改革

中国目前的税制结构，在改革开放前三十年对于经济的快速发展，起到了很大作用，效率也很高，但却不符合分配正义原则。首先，以间接税为主体，形式上很公平，按照消费来纳税，实质上不符合不同人群不同对待的比例原则。穷人和富人同样对待，这本身就不正义。目前的中国税制，直接税占整个税收的比重很低。其次，仅有的个人所得税本身又由于实施分类所得税制，不仅未能起到个人收入分配的调节器作用，反而成了收入分配差距不断扩大的原因。穷人主要依赖工资，富人则收入多元化，主要依赖资产收入，而目前现行的税收征管机制对于整个居民的收入监管情况掌握有限，多种原因使得个人所得税沦为工薪税；最后，财产税严重缺位，房地产税和遗产税都处于空缺状态。财产税的严重缺位，进一步加剧了社会的贫富差距。

针对现行的税制结构的三大问题，可以采用三个方面的对策来实现税制的分配正义。首先是降低间接税负。结合目前正在推行的营业税改增值税改革，取消营业税，并同时降低增值税税率，切实降低企业的税负。这些企业的间接税税负实际上最终都会转嫁到居民身上，这也是现在国内很多居民在海外大量消费的重要原因。其次，是推动个人所得税法改革和税收征管改革。从现实出发，可以先将分类所得税制改为分类与综合相结合的混合所得税制，待条件成熟后再向综合所得税制改革。同时简化个人所得税税率档次。当然，个人所得税法改革的前提是税收征管制度的改革。目前，落后的税收征管制度已经严重阻碍了整个财税体制改革。整体方向应该是从税收征收向税务申报和税务稽查转变。税务机关与公安、银行、海关等部门要实现信息共享，对于居民收入进行有效掌握。另外要大规模提高各级税务机关人员素质，变税务管理为税收服务；最后是完善财产税制。财产税制是存量改革，触动既得利益最大，但也是关键一环。房地产税改革要通过立法来进行，而且要与土地税的改革结合起来进行，同时注意因地制宜，兼顾各个社会阶层的利益。资源税和遗产税也是重要税种，也要结合现实国情尽快推进。

（五）财政透明度规则

要解决财政的特权分配问题，需要釜底抽薪。OECD 国家现在也认识到只有实现财政透明度规则，才可能比较好地解决腐败问题，不论是非法的腐败还是合法的腐败。笔者对财政透明度规则的内容进行了重新界定：“政府应该按照正当程序适度向公众公布其职能、基于其职能的全面公开透明的数据并为此而承担责任的规则。”具体说来可以细分为四项规则：政府职责法定、正当程序、适度透明真实、责任政府。相比国际货币基金组织提出的“旧四点论”，此项关于财政透明度规则的新概括可以称为“新四点论”。为了推进财政透明度建设，除了在宪法或宪法性法律中加入前述对财政透明度的内涵的界定，还需配套制定相关法律规则体系。首先是修改各级政府组织法，包括国务院组织法和各级人民政府组织法。现行的国务院组织法除“部门机构无数量限制、内设机构无限制、直属机构无限制、副职人数无限制、监督机制不足”〔1〕等广为诟病的缺陷外，一个重大缺陷就是对于各部门的职责没有清晰界定。地方政府组织法也存在类似的问题。这个问题不解决，十八届三中全会提出的“处理好政府与市场的关系”便无法从源头上厘清。“负面清单”模式自然是很大的进步，但仍然属于行政内部措施，属于不稳定、非常态的政策范畴。

其次要制定《行政程序法》，构建公民参与财政监督机制。十八届四中全会决定提出“完善行政组织和行政程序法律制度”，专家分析，“行政程序法”有望提上立法日程。〔2〕程序法制和程序控权的理念和制度源于英国 1215 年的《自由大宪章》（以下简称《大宪章》），完善于《美国宪法》第 5 条修正案。〔3〕《大宪章》颁布 800 年来，各国均认识到程序控权是对政府权力进行控制的有效方法，也是从源头上根治腐败的利器之一。

然后，将《政府信息公开条例》（以下简称《条例》）上升为《政府信息公开法》。为了真正实现真实透明适度的政府信息公开，借鉴各国通例，制定法律规则层面的《政府信息公开

〔1〕马大龙：“关于修改《国务院组织法》的建议”，载《北京观察》2015 年第 3 期。

〔2〕王姝：“‘行政程序法’博弈 29 年破局”，载《新京报》2014 年 12 月 29 日。

〔3〕汪进元、汪新胜：“程序控权论”，载《法学评论》2004 年第 4 期。

法》是不二选择。现行《政府信息公开条例》……《中华人民共和国立法法》《中华人民共和国档案法》存在冲突。[1]这些冲突需要提高条例的法律位阶，才能予以解决。关于财政透明度的适度问题，应该以《中华人民共和国保密法》为限。因长期以来，我国将公共事务几乎均视为保密内容，所以当下首先是推进财政透明度规则的全面实施，以公开为原则，不公开仅以法律为限。

最后是建设责任政府，实行财政问责制度。“法治不仅强调对政府权力的限制，同时也强调政府的责任……政府不能有效担负公共职能将受到严厉的惩罚。”[2]如果相应的财政问责制度，那么前述三项财政透明度的内容将无法从根本上实现。曾国平的实证研究表明：条例的实施从整体上对责任单位财政信息公开……提升及实质性信息的公开均产生了看得见的影响。从实质信息公开的角度看，最终能公开实质性财政仅占全体受调查单位的5.3%。[3]一个重要的原因在于目前的制度安排更多地依靠道德感召而非制度强制来推进财政透明度规则。正是由于条例本身对于违反财政透明度规则的行为惩罚的可操作性较差，使得目前的财政透明度建设进展缓慢。如汉密尔顿在《联邦党人文集》所言：“如果人都是天使，就不需要任何对政府有任何外来……的控制了。”[4]归根结底责任政府的要义在于公共权

---

〔1〕张利：“从《政府信息公开条例》谈我国政府信息公开的立法缺陷”，载《企业家天地》2007年第7期。

〔2〕陈国权、王勤：“市场经济现代转型中的法治与责任政府”，载《公共管理学报》2007年第2期。

〔3〕曾军平：“政府信息公开制度对财政透明度的影响及原因”，载《财贸经济》2011年第3期。

〔4〕[美]汉密尔顿、杰伊、麦迪逊：《联邦党人文集》，程逢如、在汉、舒逊译，商务印书馆1980年版，第247页。

力……对公共权力的最终所有者负责。[1]由于财政透明度规则的实施出于整个公众的利益，对财政透明度规则的违反往往侵犯的也是整个公众的利益，反而让每个具体的公民都无法感受到自身利益被侵害，因而通过司法诉讼方式来追究违反财政透明度规则的政府和官员变得很难操作。所以在现实国情下，通过司法追究难以奏效，唯一可行的责任追究方式是通过政治问责的方式来推动财政透明度规则的实施。具体说来，首先要强化人大及其常委会对政府财政权力的监督职能。根据《中华人民共和国宪法》第 67、73 条规定，全国人大常委会有职责监督国务院的工作并提出质询案；[2]其次考虑修改《关于实行党政领导干部问责的暂行规定》[3]，将政府官员违反财政透明度规则的行为视为应该进行政治问责的情形之一。

〔1〕 陈国权、徐露辉："责任政府：思想渊源与政制发展"，载《政法论坛》2008 年第 2 期。

〔2〕《中华人民共和国宪法》第 67、73 条。

〔3〕 中共中央办公厅、国务院办公厅 2009 年 7 月 12 日印发的《关于实行党政领导干部问责的暂行规定》。

第七章

财政透明度规则：国家治理现代化的现实路径之三

一、问题的提出

最早提出财政透明度概念的是科皮茨和克雷格，他们提出财政透明度的定义是：向公众最大限度地公开关于政府的结构和职能，财政政策的意向，……且可以进行比较的，便于选民和金融市场准确地估计政府的财政地位和政府活动的真实成本和收益。[1]国际货币基金组织财政事务部制定了《国际公共部门会计准则》和《财政透明度手册》（以下简称《手册》），具体涵盖：政府应当明确其职能和责任范围；政府必须全面公开预算信息；政府应合理公开其预算编制和决策程序，提供预算数据；政府应提供真实的财政数据四个方面。[2]阿尔特和拉森、劳里等学者的研究证明了财政透明度的提升与政府支出的规模增长有着正相关关系，而且财政透明度的提升有利于提高政治

〔1〕 See G. Kopits and J. Graig, *Transparency in Government Operaions*, Washington, D. C: IMF Press, 1988.

〔2〕 See Dawn Elizabeth Rehm and Taryn Parry, *Manual on Fiscal Transparency*, International Monetary Fund, 2007.

家的责任感。[1]阿尔特和拉森以美国州政府为案例实证研究显示政治和经济政策的产出影响财政透明度的水平，更加均衡的政党竞争和权力分配能够带来财政透明度的显著提升……会对财政透明度提升带来不利影响。[2]巴斯达从国际比较的角度分析了财政透明度和经济社会绩效之间的关系，……国家要比接受外部援助较少的国家的透明度程度要高，更能按照 ERNU 的透明度指导框架来提升本国的透明度水平。[3]奥尼尔认为透明度和信任之间的关系是复杂的，过分地依赖透明度也许会损伤信任。为了增大政府机构的信用程度，这就要对政府信息的完全公开予以一定限制。[4]鹤光太郎认为：政府作为人民的代理人，同样存在委托代理问题。克服委托代理问题成了政府治理的基本难题。更重要的是，在政府治理方式上，国民无法使用"退出"的选择权，因此对于不特定的多数国民来说，政府公开信息、提高透明度极其重要。[5]

国内学者近年来也逐步关注财政透明度规则。何俊志从委托代理理论和公共选择理论出发进一步论证了透明对于确保法治和民主政府的责任机制的重要作用，横向比较了各国政府的预算透明关键性改革措施。尽管部分国家已经在预算透明改革中取得了明显成效，大多数国家却仍然处于改革过程之

---

〔1〕 See J. E. Alt and D. D. Lassen, "Fiscal Transparency and Fiscal Policy Outcomes in OECD Countries", *Annual meeting of the American Political Science Association*, 2002.

〔2〕 See J. E. Alt, D. DLassen and S. Rose, "The causes of Fiscal Transparency: Evidence of the U. S. States", *IMF Staff Papers*, 53 (2006), 30~57.

〔3〕 See F. Bastida and B. Benito, "Central Government Budget Practices and Transparency: An International Comparation", *Public Administration*, 85 (2007): 667~716.

〔4〕 See O. O'Neil, *A Question of Trust* (*the* 2002 *Reith Lectures*), Cambridge University Press, 2002.

〔5〕 [日] 鹤光太郎："政府的透明度（第一部分）——改变国家'形态'的突破口"，载《日本经济评论》2003 年第 7 期。

中。[1]李燕提出在财政透明度的实现目标上以国际透明度为标准，在实现路径上应在主观积极的前提下有序推进，在实现步骤上应优先公开社会公众普遍关注的财政项目。[2]赵倩分析了财政信息公开是财政透明度的本质规定和重要内容，是保障社会公众知情权的必然要求，提出财政信息公开要有一定的度，应遵循一定的及时性与频率，推动财政信息公开的法制建设。[3]申亮运用博弈论分析政府在推动财政透明度过程中所做的选择，研究了财政透明的动力机制。在推动社会经济稳定发展构建和谐社会环境的过程中，自上而下的改革意愿和自下而上的民主推动力量使得由政府推进财政透明成为财政改革的最优制度选择。[4]黄寿峰、郑国梁运用实证方式研究了中国财政透明度与腐败之间的相关性，结论是现阶段财政透明度的提高能抑制腐败，但作用有限。[5]曾军平对政府信息公开制度对财政透明度规则的影响和原因进行了研究，引申出了有关财政透明度制度建设的若干规范建议。[6]

总之，财政透明度属于20世纪90年代以来兴起的一个研究领域，是与政治民主、财政民主密切相关的研究领域。目前国

---

〔1〕何俊志："预算透明的理论源流与国际实践"，载《国家行政学院学报》2008年第2期。

〔2〕李燕："财政信息公开透明是预算监督管理的基础"，载《财政研究》2010年第6期。

〔3〕赵倩："财政信息公开与财政透明度：理念、规则与国际经验"，载《财贸经济》2009年第11期。

〔4〕申亮："基于博弈理论的财政透明度问题研究"，载《地方财政研究》2008年第8期。

〔5〕黄寿峰、郑国梁："财政透明度对腐败的影响研究——来自中国的数据"，载《贸易经济》2015年第3期。

〔6〕曾军平："政府信息公开制度对财政透明度的影响及原因"，载《财贸经济》2011年第3期。

内外的研究都将财政透明度规则视为现代政府治理的一个重要突破口。国内学者对国际上的研究进行了介绍，并展开了比较研究，也运用中国的数据进行了一系列实质研究，对财政透明度与腐败等的关系进行了关注，并开始对近年的政府财政透明度进行评估，力图推动中国政府财政透明度的提升。但相比而言，目前国内外学术界对财政透明度规则的研究有几个局限。首先，对财政透明度规则的基本理论缺乏提炼。目前所有的相关研究仍然停留在科皮茨和克雷格的概念层面，侧重于技术层面的描述，而没有上升到理论高度。对于财政透明度规则的理论基础缺乏深入挖掘和探讨。其次，经济学和管理学视角的研究很多，法学层面除了蔡定剑之外没有其他研究。财政透明度规则必须成为一个法律原则，才可能通过制度的力量实现其理念。更进一步，甚至必须成为宪法性规则，才能成为国家治理的利器。而这两个问题正是以下行文的主要逻辑。

二、财政透明度规则的理论基础

（一）人民主权论

“要寻找出一种结合的形式，使它能以全部共同的力量来卫护和保障每个结合者的人身和财富，并且由于这一结合而使得每一个与全体相联合的个人又只不过是在服从其本人，并且仍然像以往一样自由。这是社会契约所要解决的根本问题。”[1]基于人民的委托，政府行使公共权力，但却极有可能滥用权力。代理理论认为，信息不对称是造成代理问题的根源。如果要求代理人为委托人的利益而行动，就必须要求代理人的行为透明。[2]

---

〔1〕［法］卢梭：《社会契约论》，何兆武译，商务印书馆 2014 年版，第 19 页。

〔2〕See A. M. Florini, “Increasing Transparency in Government”, *International Journal on World Peace*, 19 (2002): 3~5.

而为了解决人民与政府之间的信息不对称，财政透明度规则就被认为是一项十分有效的理论而被提炼出来。传统观点认为财政是政治的核心范畴，属于国家机密。但随着社会的发展，这一观点受到了挑战。欧洲的民主财政理论与社会契约理论有着十分密切的关联。“正是从政府按照契约规定提供社会所需的公共品和公共服务，而社会公众则为自己享用的公共服务支付报偿、负担税收的意义上才形成了公共财政、民主财政。从这一角度来说，社会契约论和民主财政是一脉相承的。”〔1〕基于社会契约论和民主财政论，人民有权利对政府的财政进行参与和监督，而人民参与财政和监督财政有一个重要的前提：财政公开透明。“市场经济环境下，体现民主的预算透明逐渐成为各国政府的主动行为。随着经济生活的日益复杂化，各国政府面对政府支出的压力、政府债务的负担、政府风险和政府合法性等问题，都希望提高公共预算透明度来换取民众对政府政策的支持。”〔2〕与此相关联的现象就是：包括欧盟、经济合作与发展组织、联合国等国际组织近年纷纷倡导提高政府财政信息透明度。尽管各自有其自身的目的，但这些国际组织的提议有一个共同的目标。政府应该是对民众负责的政府，因而不应滥发债务或随意开支以致政府入不敷出。这正是基于政府与人民之间的契约决定的。即政府是为委托人人民的福利服务的，而不能谋取自身利益让人民为此买单。

卢梭忠实地信奉直接民主，对代议制持强烈批评态度。他认

〔1〕 李一花、李秀玲：“社会契约论的‘经济观’探析——兼谈中国民主财政建设的理论基础”，载《山东大学学报（社会科学版）》2006年第4期。

〔2〕 王威、马金华：“论历史视角下财政民主的理论逻辑”，载《中央财经大学学报》2013年第3期。

为主权在本质上是由公意构成的，而意志又是绝不可以代表的。[1]“它只能是一个意志，或者是另一意志，而绝不能有什么中间的东西。”[2]古希腊、古罗马的人民可以直接行使其权利，因为城邦很小。而现代民族国家使得人民只能通过代议制进行政府组织，人民要履行其权利，通过财政透明度规则来体现其权利，成为比较现实可行的规则。

（二）税收法定原则

税收法定主义萌芽于1215年的英国大宪章。“《大宪章》其中第12条明确规定‘朕除下列三项税金外，不得征收代役税或贡金，惟全国公意所许可者，不在此限’，体现了‘无论何种负担均需得到被课征者的同意’这一税收法定主义思潮的实质内容，因此可被视为税收法定主义思想的萌芽。”[3]1242年，由于国王未能公开其税赋开支情况，议会便拒绝了国王开征新税的请求。[4]这一历史事实恰好印证了税收法定原则与财政透明度原则的密切联系。即税收的开征以财政透明为前提。人民有权利知道税收开征的目的和税收的支出情况。尽管这里的“人民”在一开始表现为封建贵族和市民，但随着现代人权观念的发展，已经演变为每位社会中的公民。“法国《人权宣言》第14条规定：‘所有公民都有权亲身或由其代表来确定赋税的必要性，自由地加以认可，注意其用途，决定税额、税率、客体、征收方式和时期。’”[5]公民要知道赋税的用途，前提即是财政

〔1〕秦前红、武立强：“人民主权：卢梭与贡斯当之比较”，载《法学评论》2003年第4期。

〔2〕［法］卢梭：《社会契约论》，何兆武译，商务印书馆2014年版，第35页。

〔3〕王鸿貌：“税收法定原则之再研究”，载《法学评论》2004年第3期。

〔4〕王鸿貌：“税收法定原则之再研究”，载《法学评论》2004年第3期。

〔5〕姜士林：《世界宪法全书》，青岛出版社1997年版。

税收的公开透明，尤其是财政透明是核心。

（三）公共财产权理论

传统意义上财产权是一个私法概念。近年财税法学界“公法之债”的提出打破了传统观念中私法与公法之间的界限。〔1〕公法之债理论将税不再视为是一种国家权力对公民单方强制的行为，而是一种公法意义上的债权债务关系。日本学者北野弘久主张彻底的税收债务关系说。他认为：“我们是从法实践论为标准来考察税法学原理，如果采用二元论会使得理论背离研究的宗旨，所以将租税法律关系中心应该归结为公法上的债权债务关系。”〔2〕

在此基础上，学者对财产权理论概念进行了进一步拓展。张翔认为：“从财产权绝对到财产权承担社会义务的转变，意味着财产权的功能从保障私人自由任意地使用和支配财产转变为开始承担社会利益再分配。”〔3〕王卫国主张对财产权理论进行重新构建。〔4〕刘剑文教授进一步提出了“公共财产权”理论。公共财产权是指政府基于其公共性特质取得、用益和处分财产的权力，包括对私人财产征税、处罚、国有化等非对价性给付，征收土地房屋、收费、发行公债等对价性给付，以及支配这些财产的权力。〔5〕

基于现代财产权概念的发展和公共财产权的提出，将财政

---

〔1〕 黄茂荣：“税捐债务”，载《税法总论》（第3册），植根法学丛书编辑室2008年版，第1~338页；刘剑文、熊伟：《税法基础理论》，北京大学出版社2004年版，第53~70页。

〔2〕［日］北野弘久：《税法学原论》（第4版），陈刚等译，中国检察出版社2001年版，第161~163页。

〔3〕 张翔：“财产权的社会义务”，载《中国社会科学》2012年第9期。

〔4〕 王卫国：“现代财产法的理论建构”，载《中国社会科学》2012年第1期。

〔5〕 刘剑文、王桦宇：“公共财产权的概念及其法治逻辑”，载《中国社会科学》2014年第8期。

税收视为政府的公共财产权具有正当性。“这既包括公共财产的取得应当公开透明，还包括公共财产的用益和处分应经法定程序。……对公共财产权行使的正当性约束，除了应在实体价值判断上加以考虑，还应依托于符合民主要求的程序规则，以及社会大众对公共财产的流程管控和支配监督。”[1]同时因为财政税收是“公共财产”，因而其最大的特征在于“公共性”，因而其取得、使用等过程都应该以公开透明的方式向公众展示。

三、民主与法治视野中财政透明度规则的内涵

财政透明度规则并非是一个单纯的经济范畴，而是通过财政透明度来提升整个政府治理水平，重塑国家与公民关系，实现责任政府从而实现国家治理体系与治理能力现代化的政治范畴。财政透明度规则的内涵也经历了两个大的阶段：第一个阶段就是国际货币基金组织对于财政透明度的定义，即四点论；第二个阶段，学者们最新的研究表明财政透明度也并非越高越好，过分依赖财政透明度会影响政府的信任度。

（一）四点论

国际货币基金组织在其《财政透明度手册》中对“财政透明度规则”的内容进行了四个方面的概括：政府职责法定、公开预算程序、便利公众取得、确保信息真实。[2]在这四个部分的内容中，政府职责法定是基础部分。其含义在于明确实施财政透明的主体，即法律法规明确的拥有财政权力的机构，包括立法机构、行政机构和司法机构，也包括那些受到法律法规授权拥有财政权力的机构。尽管财政透明度规则也鼓励公众参与

〔1〕 刘剑文、王桦宇：“公共财产权的概念及其法治逻辑”，载《中国社会科学》2014 年第 8 期。

〔2〕 参见国际货币基金组织《财政透明度手册》（2007 年版）。

进来，但是拥有公共职责的政府机构毫无疑问是财政透明度实施的主体。公开预算程序则是正当程序原则在财政透明度实施中的具体表现。由于财政信息的高度专业性，公众理解上的困难大，所以从程序上对财政透明进行要求就显得十分必要。“程序正当是指公共财产的取得、用益和处分程序应具有正当性。无论是税收的课征，还是收费和行政处罚的收取，抑或是国有化或者征收土地房屋，除了应有明确的法律授权外还应经由法定程序。”〔1〕便利公众取得的意思是财政透明度的实施必须便于公众了解。因为政府与公众在财政信息领域处于绝对的不对称地位，所以法律要求政府在实施财政透明度规则时必须主动及时便于公众取得，才能使公众起到监督政府财政权力的作用，本质上也是人民主权原则〔2〕的体现。财政信息的真实对于实现财政透明度规则的目标“提升整个政府治理水平，重塑国家与公民关系，实现责任政府从而实现国家治理体系与治理能力现代化”有着保障作用。原因是显而易见的。因为如果财政公开的信息是虚假的，那么以上提升政府治理水平等目标的实现就将变为空谈。因而通过财政信息的内部监督和外部监督来确保财政信息真实就是实现财政透明度规则必要的前提。

（二）财政透明度的适度

四点论是早期关于财政透明度规则的经典定义，其实质是把财政法治、财政公开、财政民主的精神予以实施提供可以操作化的现实路径。因而其偏重于形式规则，而财政透明度规则进一步的发展则将财政透明度规则的实质精神内涵进一步挖掘。最新的研究表明财政透明度并非是越高越好，而是应该与其发

---

〔1〕 刘剑文、王桦宇：“公共财产权的概念及其法治逻辑”，载《中国社会科学》2014年第8期。

〔2〕《中华人民共和国宪法》第2条。

展相互契合；财政透明度也并非是绝对的，同样有例外。“过去学者们主要关注如何提高公众对政府预算、财政收支等相关信息的获取，他们基本上达成了一种共识：更高的财政透明度能够减少腐败。因此，加强政府问责制和向公众提供关键信息是提高政府行政、执政能力，加强政府治理水平的必由之路。”〔1〕然而这样的结论局限与定性研究，未能从定量角度说明财政透明度如何具体把握的问题。之前的研究过于关注“财政透明”，而没有关注“度”的问题。因而，新的研究更关注哪些信息是需要公开的，哪些是不能公开的；财政透明度以何种方式提高能实现抑制腐败、改善政府治理从而进一步重新构建国家与公民的关系的目标。

“省际面板数据的实证分析基本上支持中国政府官员议价能力较强的观点，财政透明度目前对腐败的抑制作用不明显，贸易开放度的提升、公务人员工资的提高和政府规模的扩大都有助于抑制腐败，教育水平和经济增长对腐败的影响不显著。”〔2〕所以，不论是理论分析还是实证研究都表明在中国政府官员议价能力较强的前提下，进一步提高财政透明度有助于抑制腐败，提高政府治理水平。同时政府信息并非是无底线公开，部分信息不公开是通例。“英国 1998 年财政稳定守则指出，财政管理透明度的原则意味着政府要公开足够的财政信息……但有些信息例外，比如涉及国家安全的财政信息、个人隐私信息、损害政府决策完整性和政策建议程序的信息等。”〔3〕而且如果过快地提

〔1〕 黄寿峰：“财政透明度对腐败的影响研究——来自中国的证据”，载《财贸经济》2015 年第 3 期。

〔2〕 黄寿峰：“财政透明度对腐败的影响研究——来自中国的证据”，载《财贸经济》2015 年第 3 期。

〔3〕 赵倩：“财政信息公开与财政透明度：理念、规则与国际经验”，载《财贸经济》2009 年第 11 期。

供财政透明度则也可能伤害政府本身的公信力。反过来说，政府的公信力是提高政府治理的重要保障。过度依赖透明度可能会伤害信任。没有一定的信任，政府组织本身便无法有效运作，或变得效率低下。因而，如何在提高财政透明度与保持政府公信力之间追求平衡成为未来财政透明度规则实施的重要理念。

早期的四点论和后来的适度论合起来构成了完整的财政透明度规则的内涵。前者注重定性，后者注重定量；前者强调程序，后者强调实质。在现代国家的国家治理建设中，需注意的是，应该以四点论为基础，然后兼顾适度论，切忌以后者来否定前者。尤其是对中国这样一个农耕文明传统深厚的国家，长期以来将财政视为“国之利器不可以示人”[1]，亟须转变观念，从预算公开起步，向财政公开和财政透明转变，然后在此过程中掌握度，才可能重新构建国家与公民之间的关系，实现财政民主和人民主权，最终推进国家治理体系和治理能力现代化。若一开始就强调财政透明适度，很可能成为不少既得利益者迟滞改革的挡箭牌，使得刚刚起步的财政透明度规则胎死腹中。正是在前述分析基础上，文章提出财政透明度规则，是指政府应该按照正当程序适度向公众公布其职能、基于其职能的全面公开透明的数据并为此而承担责任的规则。

四、财政透明度规则的现实路径

关于财政透明度规则的价值和意义，前文已经讨论，学界也无质疑之处，更受人关注的是如何推进中国的财政透明度建设。党的十八届三中全会提出全面深化改革的总目标是“完善和发展中国特色社会主义，推进国家治理体系和治理能力现代

---

〔1〕（魏）王弼：《老子道德经注》，楼宇烈校释，中华书局 2011 年版，第 93 页。

化”〔1〕，财政体制改革是其重要抓手，财税体制改革之中财政透明度建设是当务之急。目前中国的财政透明度建设主要存在几个主要问题。首先是法律依据权威不够。《中华人民共和国预算法》第 14 条对预算公开进行了原则性规定〔2〕，缺乏操作细则，而且停留于公开层面，没有提升至“透明”层面。实践中财政透明度建设的主要依据是《中华人民共和国政府信息公开条例》（以下简称《条例》）。《条例》第 10 条第 4、5、6 款要求县级以上政府及部门要主动公布财政预算、决算报告；行政事业性收费的项目、依据、标准；政府集中采购项目的目录、标准及实施情况。〔3〕尽管条例颁布以来在推动政府财政信息公开方面起到了强大作用，但仍然存在法规权威不够、覆盖面窄等问题。其次是对比前文所探讨之财政透明度规则的四点形式要求，目前的条例主要体现为第二点，即公开预算程序，第三点便于群众取得稍有涉及，至于第一点和第四点，目前的预算法和条例均未涉及。第一条政府职责法定是基础，第四条信息真实是保障，而且即便是公开预算程序也尚处于十分初步的层次，便于群众取得也十分不完善，总的说来，我国财政透明度规则不仅离国际通行标准十分遥远，即便按照条例自身的要求——“提高政府工作的透明度，促进依法行政，充分发挥政府信息对人民群众生产、生活和经济社会活动的服务作用”〔4〕——也还十分欠缺。再者，更为关键的是目前的财政透明度规则停留在行政法规和政策层面，带有很强的行政推动色彩，没有上升到

〔1〕 参见《中共中央关于全面深化改革若干重大问题的决定》（2013 年 11 月 12 日中国共产党第十八届中央委员会第三次全体会议通过）。

〔2〕《中华人民共和国预算法》第 14 条。

〔3〕《中华人民共和国政府信息公开条例》（2007 年颁布）第 10 条。

〔4〕《中华人民共和国政府信息公开条例》（2007 年颁布）第 1 条。

法律治理的层面，因而无法长期化、制度化。相比政府部门，党的机构在财政信息公开方面的进展缓慢，从侧面证实了这一点。实际上国际货币基金组织《财政透明度手册》（2007 版）在界定其四项基本内容时，第 1 条就是强调政府职责与财政管理要有明确公开的法律、法规和行政框架。这里面实际上阐明了广义上的财政法定原则，即包括政府组织法定、政府职责法定、财政收入法定、财政支出法定。基于以上讨论，本书提出中国财政透明度建设的路径思考：

（一）财政透明度的立宪态度

“在一个超过市镇的国家社会里，所有公共事务让所有人参与的实际不可能，代议制政府成为人民所能选择的最好的政府形式。”〔1〕基于人民主权论和公共财产权论，公民要体现其公意，仅仅依靠代议制政府存在很大缺陷。公共选择学派的研究表明：“当集体决策的成本高昂时，只有在半永久性的制度结构中进行的大部分日常操作，政府才可能适当履行其职能。财政是广义政治宪章的组成部分，所以必须把财政宪章的变化视为半永久性和长期的社会结构特征。”〔2〕财政透明度规则最初在欧盟国家推行。1993 年生效的《马斯特里赫特条约》（以下简称《马约》）对成员国财政政策作出原则性规定，即从 1994 年起，欧盟各成员国的财政赤字占 GDP 的比重（即赤字率）不能超过 3%，政府债务占 GDP 的比重（即债务率）不能超过 60%。〔3〕欧盟基于担心其成员国造假账以应对《马约》，所以提出财政透明度规则来加强财政管理。而东欧国家在转型过程中出现了严

〔1〕［英］J. S. 密尔：《代议制政府》，汪瑄译，商务印书馆 2014 年版，第 52 页。

〔2〕［美］詹姆斯·M. 布坎南：《民主财政论》，穆怀朋译，商务印书馆 2015 年版，第 350 页。

〔3〕《马斯特里赫特条约》中《欧洲经济与货币联盟条约》（1993 年生效）。

重的贫困问题，公众和一些非政府组织将解决此问题的希望寄托于预算改革，迫使政府增加财政透明度和民主参与度。〔1〕从美国进步时代的预算运动到2009年1月奥巴马签署其首份总统备忘录“透明和开放的政府”，反复论证了著名大法官路易斯·布兰代斯的名言——“阳光是最好的防腐剂。”这份备忘录表达了三个观点：政府应该是透明的；政府应该是参与性的；政府应该是多方协作的。〔2〕基于人民主权论、公共选择学派的论证和美国欧盟的政治实践，财政透明度规则本质上是一条政治学规则，是提升政府治理水平的重要规则，将财政透明度规则纳入到宪法或宪法性法律，才能构成对政府财政权力的实质性约束。

（二）财政透明度的法律规则体系

文章第三部分对财政透明度规则的内容进行了重新界定：“政府应该按照正当程序适度向公众公布其职能、基于其职能的全面公开透明的数据并为此而承担责任的规则。”具体说来可以细分为四项规则：政府职责法定、正当程序、适度透明真实、责任政府。相比国际货币基金组织提出的“旧四点论”，此项关于财政透明度规则的新概括可以称为“新四点论”。为了推进财政透明度建设，除了在宪法或宪法性法律中加入前述对财政透明度的内涵的界定，还需配套制定相关法律规则体系。首先是修改各级政府组织法，包括国务院组织法和各级人民政府组织法。现行的国务院组织法除“部门机构无数量限制、内设机构无限制、直属机构无限制、副职人数无限制、监督机制不足”〔3〕等

〔1〕 申亮：“财政透明度研究述评”，载《经济学动态》2005年第12期。

〔2〕 涂子沛：《大数据》，广西师范大学出版社2013年版，第9~11页。

〔3〕 马大龙：“关于修改《国务院组织法》的建议”，载《北京观察》2015年第3期。

广为诟病的缺陷外，另一个重大缺陷就是对于各部门的职责没有清晰界定。地方政府组织法也存在类似的问题。这个问题不解决，十八届三中全会提出的“处理好政府与市场的关系”就无法从源头上厘清。“负面清单”模式自然是大大的进步，但仍然属于行政内部措施，属于不稳定、非常态的政策范畴。

其次要制定《行政程序法》，构建公民参与财政监督机制。四中全会决定提出“完善行政组织和行政程序法律制度”，专家分析，“行政程序法”有望提上立法日程。[1]程序法制和程序控权的理念和制度源于英国1215年的《自由大宪章》（以下简称《大宪章》），完善于《美国宪法》第5条修正案。[2]《大宪章》颁布800年来，各国均认识到程序控权是对政府权力进行控制的有效方法，也是从源头上根治腐败的利器之一。“公民对政治决策过程的参与具有一系列重要的功能，参与不仅使民主制度成为可能，而且更重要的是，通过参与过程可以推动个人负责任的社会行动和政治行动。参与具有教育功能、民主训练功能、正当化功能和共同体整合的功能。”[3]在民主恳谈基础上构建一种符合地方实际的参与式民主机制是一种选项。通过参与式民主维护了公民参政权、知情权、监督权和生存权，推动建立廉洁高效的责任政府。[4]

然后，将《政府信息公开条例》（以下简称《条例》）上升为《政府信息公开法》。为了真正实现真实透明适度的政府信

---

〔1〕 王姝：“‘行政程序法’博弈29年破局”，载《新京报》2014年12月29日。

〔2〕 汪进元、汪新胜：“程序控权论”，载《法学评论》2004年第4期。

〔3〕 ［美］卡罗尔·佩特曼：《参与和民主理论》，陈尧译，上海人民出版社2006年版，第22~26页。

〔4〕 卢剑峰：“参与式民主的地方实践及战略意义——浙江温岭民主恳谈十年回顾”，载《政治与法律》2009年第11期。

息公开，借鉴各国通例，制定法律规则层面的《政府信息公开法》是不二选择。现行《政府信息公开条例》与《中华人民共和国保密法》《中华人民共和国立法法》《中华人民共和国档案法》存在冲突。[1]这些冲突需要提高条例的法律位阶，才能予以解决。关于财政透明度的适度问题，应该以《中华人民共和国保密法》为限。由于长期以来，我国将公共事务几乎均视为保密内容，所以当下首先是要推进财政透明度规则的全面实施，以公开为原则，不公开仅以法律所规定的为限。最后是建设责任政府，实行财政问责制度。“法治不仅强调对政府权力的限制，同时也强调政府的责任，法治意味着政府不能有效担负公共职能将受到严厉的惩罚。”[2]如果不建立相应的财政问责制度，那么前述三项财政透明度的内容将无法从根本上实现。此点会在下文详述。

（三）财政透明度规则与政治问责

曾国平的实证研究表明：条例的实施从整体上对责任单位财政信息公开态度和责任心的提升及实质性信息的公开均产生了看得见的影响。从实质信息公开的角度看，最终能公开实质性财政信息的单位仅占全体受调查单位的5.3%。政府信息公开制度对于财政透明度的推动效应整体上还相当有限。[3]一个重要的原因在于目前的制度安排更多地依靠道德感召而非制度强制来推进财政透明度规则。《条例》第35条规定：“行政机关违反本条例的规定，有下列情形之一的，由监察机关、上一级行政机

〔1〕张利：“从《政府信息公开条例》谈我国政府信息公开的立法缺陷”，载《企业家天地》2007年第7期。

〔2〕陈国权、王勤：“市场经济现代转型中的法治与责任政府”，载《公共管理学报》2007年第2期。

〔3〕曾军平：“政府信息公开制度对财政透明度的影响及原因”，载《财贸经济》2011年第3期。

关责令改正；情节严重的，对行政机关直接负责的主管人员和其他直接责任人员依法给予处分；构成犯罪的，依法追究刑事责任。”[1]正是由于《条例》本身对于违反财政透明度规则的行为惩罚的可操作性较差，使得目前的财政透明度建设进展缓慢。如汉密尔顿在《联邦党人文集》中所言：“如果人都是天使，就不需要任何政府了。如果是天使统治人，就不需要对政府有任何外来的或内在的控制了”。[2]无论是基于政制的狭义界定还是基于价值内涵的广义阐释，归根结底，责任政府的要义在于公共权力的行使者必须对公共权力的最终所有者负责。[3]由于财政透明度规则的实施出于整个公众的利益，对财政透明度规则的违反往往侵犯的也是整个公众的利益，反而让每个具体的公民无法感受到自身利益被侵害，因而通过司法诉讼方式来追究违反财政透明度规则的政府和官员变得很难操作。所以在现实国情下，通过司法追究难以奏效，唯一可行的责任追究方式是通过政治问责的方式来推动财政透明度规则的实施。具体说来，首先要强化人大及其常委会对政府财政权力的监督职能。根据《中华人民共和国宪法》第 69 条规定，全国人大常委会有职责监督国务院的工作。第 73 条规定全国人民代表大会代表在全国人民代表大会开会期间，全国人民代表大会常务委员会组成人员在常务委员会开会期间，有权依照法律规定的程序提出对国务院或者国务院各部、各委员会的质询案。[4]其次考

---

〔1〕《中华人民共和国政府信息公开条例》第 35 条。

〔2〕［美］汉密尔顿、杰伊、麦迪逊：《联邦党人文集》，程逢如、在汉、舒逊译，商务印书馆 1980 年版，第 247 页。

〔3〕 陈国权、徐露辉：“责任政府：思想渊源与政制发展”，载《政法论坛》2008 年第 2 期。

〔4〕《中华人民共和国宪法》第 69、73 条。

虑修改《关于实行党政领导干部问责的暂行规定》[1]，将政府官员违反财政透明度规则的行为视为应该进行政治问责的情形之一。

〔1〕 中共中央办公厅、国务院办公厅2009年7月12日印发的《关于实行党政领导干部问责的暂行规定》。

第八章

政府信息公开制度实施：以中国市级政府财政公开为样本（2012~2014年）

2008 年《政府信息公开条例》实施，财政公开在中国不断取得进步，尤其是中央政府的财政公开取得了明显进展。但随着公众对于政府信息公开的期待不断提高，地方财政公开的呼声不断高涨。2014 年国务院办公厅《2014 年政府信息公开工作要点》和财政部《关于深入推进地方预决算公开工作的通知》(财预［2014］36 号)，标志着地方政府财政信息公开工作将进入一个新阶段。但实际上，地方政府财政信息公开在 2010 年开始就已经逐步推进了，只是力度和公众关注度要低于中央财政信息公开。

一、研究基础

学术界对于地方政府财政公开的关注也在不断升温，最主要的两份报告包括上海财经大学的《年度财政透明度报告》和清华大学公共管理学院的《中国市级政府财政透明度研究》。但是对于地方政府财政公开的数据的深入分析和研究，在学术界仍然有着巨大的空间。及时总结中国地方政府的财政公开实践，对于下一步《政府信息公开条例》的进一步完善，有重大理论意义和实践价值。由于市级政府在中国五级政府中起着承上启下的作用，其信息公开实践具有很大的参考价值，所以本书主要立足于市级政府的财政公开信息，对财政信息公开实践中存在的问题进行制度性反思，为未来法规修改提供参考。本书基本采纳了清华大学公共管理学院的《中国市级政府财政透明度研究》中的数据进行分析。

本书主要采取的研究方法是信息流通理论。信息流通理论是立足于传统的静态的观察政府信息公开理论，更多地从动态和宏观的方法，分析一国信息环境中的信息互动，从而对信息公开法律实施进行更深入的理论研究。这个领域充分借鉴了信息经济学等多个相关学科的知识。

二、市级政府财政信息公开的主要进步

首先，财政信息公开主要是采取主动公开的方式。如果从信息流通理论分析，则是以政府流向公众的信息流为主。由于《条例》主要围绕主动公开进行，所以目前的财政信息公开，以政府主动公开为主。从 2010 年以来的三公经费公开，引起了公众的广泛关注，也取得了比较明显的进步。与其他领域的信息公开更多的是依申请公开较多不同，财政信息公开更多的是政府主动公开。其原因可能在于高度专业，公众还缺乏足够的知识来发起申请，或者说还需要相当时间的训练来了解相关领域的知识。从美国的预算运动历史来看，美国公众对于财政信息公开与自身的紧密的关系也是经过了相当长时间的培养才形成的。

其次，财政信息公开与城市的行政层级有着高度正相关性。从 2012 年到 2014 年中国市级政府财政透明度中的数据来看，直辖市的财政信息公开工作做得最好，其次是计划单列市，然后

是省会城市，然后是其他地级市。[1] 这从一个侧面说明中国的财政信息公开是政府推动型的。因为中国的政府权力是按照城市的等级来分布的。换言之，城市的行政级别越高，其政府权力推动某项工作的力度就越强大。与中国市场经济的发展路径一样，中国的财政信息公开也是在党和政府的强力推动下展开。

最后，财政信息公开的全面性逐步提高。在社会高度关注和学术界逐步发布各种财政透明度报告及指南的背景下，地方政府的财政信息公开朝着规范化和全口径的方向发展。比如，按照清华大学课题组最新的《全口径财政透明指标体系》，各市政府对纳入财政涵盖范畴的公共部门机构公开的情况逐年好转。市级政府预算与预算执行情况以及其他财政信息也不断在进步之中。

三、市级政府财政信息公开的主要问题

（一）缺乏宏观视野的信息公开实施

在信息流通理论看来，今天的政府信息公开并非仅仅是政府的信息公开部门的职能工作，而是整个政府的基本工作。从市级政府财政信息公开的实践来看，目前的市级财政信息公开工作主要依赖于政府财政部门的推动。但从 2012~2014 年市级财政信息公开的实践来看，市级政府财政信息公开的三大部分要素，均需要各个部门，包括党的部门、人大、政协、民主党派、群众团体等多方的配合。这还仅仅涉及政府财政信息主动公开。如果是财政信息依申请公开，就更不是财政部门自身的事权，而是需要所有财政供养单位的共同努力。

现实的财政信息公开实践，实际主要依赖于市级政府主要

---

[1] 清华公共经济、金融与治理研究中心财政透明度课题组：《2014 年中国市级政府财政透明度研究》，2014 年 6 月 30 日。

领导人和观念和财政部门的努力。而这对于致力于国家治理体系和治理能力现代化的中国而言，是远远不够的。从宏观视野入手，整个政府部门，从领导人到所有普通机关干部，均需要理解财政信息公开的意义，才可能在主观到客观去参与到完善相关制度以及相关制度实施之中。

在中国目前的国情下，财政信息公开实践不仅需要政府各部门的支持，还需要包括党委、人大、政协、民主党派、群众团体等部门及其工作人员的全力支持。这些部门及其工作人员的观念和具体工作层面的支持相比政府部门的支持来说，可能更加重要。因为从现行财政信息公开实践来看，政府部门的财政信息公开实践在过去三年进步很快，但党委、人大、政协、民主党派、群众团体等部门的财政信息公开工作却进展缓慢，甚至出现了停滞状态。但是这些部门及其工作人员的财政支出在中国政府整个财政支出中占的比重是很高的。

（二）局限于外部信息公开

观察 2012~2014 年市级政府的财政信息公开工作，可以发现政府和公众关注的热点集中于三公经费等政府的主动信息公开领域。而依照信息流通理论，信息公开可以分为主动公开、被动公开、内部公开和外部公开。[1]从目前信息公开实践来看，公众和政府比较关注外部公开，即财政信息从政府向公众的流通，而忽视了政府部门内部的信息流通。实际上，在中国这样一个条块分割的大国，各个部门之间的信息阻隔是非常严重的。财政部门与公众之间的信息沟通，这些年有了不少进步，但是应该说还存在着猫捉老鼠的现象，这就大大提高了财政信息公开的难度。如果进一步从全范围的信息公开领域来看，信息公

〔1〕 肖卫兵：“信息流通视野下的政府信息公开制度实施：以上海市 A 区为例”，载《中国行政管理》2014 年第 7 期。

开的部门分割则更加严重，对整个社会造成的成本是十分高昂的。比如，虽然同属于国务院，但是税务部门有自己的信息系统，而海关有自己的信息系统，公安部门也有自身的信息系统，财政部门同样有自己独立的信息系统。这些部门立足于自身部门利益，均垄断自己的信息，不愿意与其他部门分享。而每一套部门的信息系统都要耗费巨额的财政资金，而且需要不断加大投入。但实际上这些信息系统的很多信息都是共同的，如果共享，将会极大地提高行政效率，且节约巨大的社会成本。

一个可以观测到的显著例子就是涉税信息共享问题。在正在进行的《税收征管法》修订草案中，最难以达成共识的就是涉税信息共享问题。相关部门之间围绕这个问题的争论导致《税收征管法》搁置达到6年之久。联邦德国建立了全国统一的税收识别号，通过信息联网掌握全国信息。而丹麦作为高税收、高福利国家，通过建立个人、企业、动产、不动产四大网络将全国的信息联网，税收贡献率高达95%以上。[1]就是这个小小的涉税信息共享，直接影响到中国的个人所得税征收体制，从短期来看会造成各个部门重复建立数据系统，浪费财政资金，中期来看搁置了法律修改，影响了中国税收体制改革，延误了现代财政制度的确立，延缓了从间接税为主体的税制朝直接税为主体税制的转型。从长期来看，说其耽误了中国的财政民主进程，进而影响了整个民主和法治的进程，一点也不为过。管中窥豹，从这个小小的案例，给我们的教训是：内部信息公开的问题与外部公开同样重要。

（三）对依法公开理解的偏差

即便是在目前进展较快的对外财政信息公开，也存在执行

〔1〕赵婧：“税收征管法修订案下半年有望审议 聚焦涉税信息共享”，载《经济参考报》2015年2月3日。

理念的偏差问题。观察目前的财政信息公开，可以发现目前的政府信息公开存在一个理念误导问题，即对于依法公开的僵硬使用。在全面推进依法治国的今天，对于如何理解法治和依法治国仍然存在很大的偏差。相当政府工作人员甚至认为，依法治国就是依法来治理老百姓。实际上，依法治国的核心精神是保护老百姓的权利，体现人民主权，因而在实践中，依法治国的关键在于防止政府的权力侵犯老百姓。具体到信息公开领域，那么就应该按照法律的精神去尽量扩展老百姓的知情权，而非僵硬地适用法律，法律规定的就可以公开，没有规定的就不可以公开。正是因为这种错误的理念，使得目前的财政信息公开在市一级领域推动比较缓慢。应该倡导的恰恰是以服务的理念来与公众沟通，凡是法律规则没有明确限制的，都应主动、方便地向公众公开。从某种意义上讲，政府信息公开的实施效果既是公众权利的实现程度，也是实质意义上的人民民主的实现程度。

从目前可以观测到的市级财政信息公开数据来看，从 2012~2014 年取得了一些进步，但形式上的进步比较多，比较网站上对于政府部门（财政供养部门）的公开，但真正内容的实质细化，包括党的部门的信息公开，则相对较弱。也出现了东部地区好于中西部地区的情形。这种情况的出现有多种原因，但一个可能性较大的原因就是东部沿海地区的公众纳税人意识较强，积极主动地向政府施加了影响，以主动申请或舆论压力的方式等等；而中西部地区的公众则更多消极等待。但从另外一个角度来分析，则说明目前的信息公开更多是因为受到一种压力，不论是上级政府，还是公众压力后的被动行为，因而在形式上表现为依法来进行信息公开。这时，就容易出现当法律既没有规定可以公开，也没有规定不公开时，相关部门采取比较消极的态度，即利用法律的模糊地带来消极应付信息公开。这在实质上歪曲了全面推进依法治国背景下的依法信息公开。

四、如何完善信息公开制度

立足于2012~2014年的市级财政信息公开全样本数据，我们运用了信息流通理论，对于当前财政信息公开领域存在的问题进行了分析，基本可以将主要问题归纳为三大方面：缺乏宏观视野、局限于外部公开、局限于依法公开。那么针对这三大问题，我们尝试提出以下对策：

（一）从全方位视野来理解和实施政府信息公开制定

观察过去三年市级财政信息公开的全样本数据，最基础性的问题就是目前的信息公开制度是建立在静态的传统信息公开理论模型。但这种理论模型停留在描述性的案例分析，并将政府信息公开视为全球化视野下政府责任的履行。[1]由于这种理论基础，目前的大多数国家，包括中国政府在内，政府信息公开都被视为某个特定政府部门的工作职能，甚至被视为是特定政府部门在特定时间单向度应完成的工作职责。比如世界贸易组织中要求每个希望加入的成员国所必须遵循的一个重要法律规则就是"透明度规则"。这个透明度规则可以被视为是很多国家推进政府信息公开的外在动力。但是也正是这个理论自身存在的缺陷，使得我们目前的政府信息公开工作取得了一些成效，同时也陷入了某种误区。

信息流通理论模型则为我们下一步的政府信息公开工作建立了基础。信息流通理论使我们可以全面、系统地去理解政府信息公开，从国家的整个环境和宏观动态视野来理解我们的政

---

〔1〕 Thomas Blanton, "The Openness Revolution: The Rise of a Global Movement for Freedom of Information", *Development Dialogue*, 2002 (1).

府信息公开，从而更利于推进目前单向的、外力推动的政府信息公开。政府信息公开工作是立足于本国国情，内生于本国，以公民权利保障为指向，需要全体国民和整个党政系统共同推进的一项宏伟工作。这项工作本身的伟大意义足以与美国 20 世纪 20 年代的预算公开运动相媲美。所以，未来《政府信息公开条例》的实施要将政府信息公开工作列入各级党政部门的重要工作，不局限于某一部门，而且要对公众进行信息公开教育，使公众也参与到这项工作之中，从而形成信息公开的良性互动。

从现行财政信息公开实践来看，包括党委、人大、政协、民主党派、群众团体未来财政信息公开理念和实践的推进将是未来财政信息公开进一步推进的关键所在。这是富有中国特色的，但却是决策者们所必须考虑的。

（二）从内部公开重点推进

从目前市级财政信息公开的实践来看，政府信息公开更多地强调外部公开，即政府信息对公众直接公开。这同样是政府信息公开在传统信息公开理论指导下的一个重大误区，孤立、片面地将政府信息公开视为政府对公众的一项单向表达，没有意识到政府信息公开在政府内部同样也存在。从涉税信息共享问题的分析中，我们已经看出了政府信息内部公开的严峻性及其带来的巨大社会成本。在信息流通理论框架之下，政府信息公开是宏观、系统的工程，其成效取决于整个政府和公众以及社会环境中流通的信息效率的高低。所以，每一项有利于提高社会环境中信息流通效率的工作都是需要去推进的。政府部门内部的信息公开，对于当前的全面深化改革和全面推进依法治国，具有十分重要的意义，包括反腐败。所以，下一步政府信息公开条例的修订应该树立内部公开重点推进的原则。

（三）从依法公开转向以服务为理念

在全面推进依法治国的大背景之下，厘清如何实现依法公开显得尤其重要。十八届四中全会确立全面推进依法治国为主题，2015年2月2日习近平总书记在省部级主要领导干部上的讲话都意味着目前党全力推进的一项治国方略就是法治。但是法治首先是约束政府的，也就是说首先是约束领导干部的，并非是运用法律来管控老百姓。在这个概念明确之后，依法公开并非就是运用法律规则来阻止公众了解政府信息，而是依照法律规则来保障公众的知情权。依法公开并非意味着不能酌情处理，而是在合法基础上酌情处理。即法律规则中明确禁止公开之外，政府部门应该以服务性政府为理念，帮助公众实现其知情权。即便法律规则没有列举公众的知情权，只要法律规则没有禁止，公众仍然可以申请，政府部门仍需酌情予以协助。

那么这也意味着，在未来的财政信息公开中，不论是财政信息对内部的公开还是财政信息对外部公众的公开，都需要用服务的理念来理解依法公开，而不是根据法律是否规定来进行财政信息公开。

第九章

农村土地三权分置的法理逻辑

——从政策和法律双重视角切入

一、问题的提出

中共中央、国务院《关于全面深化农村改革加快推进农业现代化的若干意见》（以下简称“2014 年中央一号文件”）提出：“在落实农村土地集体所有权的基础上，稳定农户承包权、放活土地经营权，允许承包土地的经营权向金融机构抵押融资。”〔1〕这是中央首次提出这个三权分置的政策，而 2015 年中央一号文件进一步提出要“抓紧修改农村土地承包方面的法律，界定农村土地集体所有权、农户承包权、土地经营权之间的权利关系”。〔2〕其实早在十多年前经济学界便已经提出了这个问题〔3〕，而法学界一直不愿回应此问题。中央明确提出改革思路，近两年开始有一些法学专家撰文进行了研究。但是整体

〔1〕 参见中共中央、国务院《关于全面深化农村改革加快推进农业现代化的若干意见》（2014 年中央 1 号文件）。

〔2〕 参见中共中央、国务院《关于加大改革创新力度加快农业现代化建设的若干意见》（2015 年中央 1 号文件）。

〔3〕 参见谢光国：“制约农民收入增长的因素分析和对策”，载《农业经济问题》2001 年第 3 期；张红宇：“中国农地调整与使用权流转：几点评论”，载《管理世界》2002 年第 5 期。

感觉没有抓到“牛鼻子”。问题在于法学研究的思路问题。不少法学学者过于关注法学逻辑的自洽，而没有去深入了解经济生活实践，以至于法学研究与现实的距离越来越大。经济学界之所以能主导改革的动向，不在于其研究水平多高，而在于其至少关注了现实社会实践。一个被法学界忽视的前提就是：三权分置并非是由经济学家研究出来的，也并非是由中央文件头脑发热所密室操作出来的，而是广大人民群众多年实践的产物，而且在整个中国农村土地中已经占到了接近30%的比重。[1]不管法学界是否从理论上承认，现实生活中大量的农村土地流转已经客观存在。所以对这个中国经济社会中的根本性问题，法学界必须在法理上予以解释。

学术界目前对于三权分置的研究，主要包括经济学界和法学界两方面。这里主要集中对法学界近两年对于此问题的研究进行一个梳理。整体上，目前关于三权分置的应对，有三个方面的主张：一种主张是保守派，他们认为现行土地承包经营权制度的制度内功能足以应对中央提出的三权分置政策。核心观点就是中央提出的三权分置是一种土地功能，并非是一种法律上的权利。现行的土地制度安排本身就足以解决问题。[2]比如姜红利认为：“在现行法律未作重大修改背景下，应当立足于现

---

〔1〕 根据2014年6月调查的数据，全国流转耕地面积约3.8亿亩，占全部承包地的28.8%，其中，出租和转包方式（非自耕农方式）占78.6%，完全转让承包权方式占6.0%，再次转让方式占3.2%，由此可见实践中“三权分置”已经是一种非常普遍的状态，经营权不在承包者手里这种现象占比较大，涉及大概26.0%左右的农户。参见朱道林、王健、林瑞瑞：“中共农村土地制度改革探讨”，载《中国土地科学》2014年第9期。

〔2〕 参见吴兴国：“承包权与经营权分离框架下债权性流转经营权人权益保护研究”，载《江淮论坛》2014年第5期；陈小君：“我国农村土地法律制度变革的思路与框架—十八届三中全会《决定》相关内容解读”，载《法学研究》2014年第4期。

行法律规范及民法理论，赋予土地经营权担保功能，维持土地承包经营权制度，坚持物权与债权以及抵押与质押相区分规则。"[1]姜红利认为土地经营权是一种债权性权利，与土地承包权作为一种法定物权应该予以明确区分。苏永钦也认为"三权分置"政策框架中的"经营权"只能理解为物权法定主义原则下的"伴随的债权关系"，而不能理解为承包经营权"再使用权化"的法律构造，即它是物权法定主义原则下的解释范畴，而不是法律构造范畴。[2]第二种是激进派，他们主张修改法律，增设土地经营权。他们主张要修改物权法，增设土地经营权这一权利类型，并且明确其为用益物权，具体包括自主生产经营权、抵押、入股等处分的权利。[3]第三派是折衷派。他们既不同意保守派维持现行制度的观点，也不赞同进行大量修法的观点，而是认为可以进行法律解释，将现行土地承包经营权排除掉"承包权"的内容，成为一种单纯的用益物权。[4]如秦小红认为："政府必须破除城乡二元结构、消除农地制度的不当负担、完善农地产权制度、提高农民产权处分能力、发挥市场在配置资源中的决定性作用，导入现代要素和现代法律制度。"[5]

总之，法学界面对中央提出大三权分置问题，大致有三个

---

〔1〕 姜红利："放活土地经营权的法制选择与裁判路径"，载《法学杂志》2016年第3期。

〔2〕 参见苏永钦："法定物权的社会成本——两岸立法政策的比较与建议"，载《中国社会科学》2005年第6期。

〔3〕 参见潘俊："农村土地'三权分置'：权利内容与风险防范"，载《中州学刊》2014年第11期。

〔4〕 参见丁文："论土地承包权与土地承包经营权的分离"，载《中国法学》2015年第3期。

〔5〕 参见秦小红："政府引导农地制度创新的法制回应——以发挥市场在资源配置中的决定性作用为视角"，载《法商研究》2016年第4期。

方面的观点：激进派、保守派、折中派。何去何从，需要进一步厘清。本书大致从以下方面入手，对学术界争议的焦点问题进行分析，并在此基础上提出自己的观点。

二、三权分置的来龙去脉——从中央文件入手

法学界在如何应对“三权分置”的问题上之所以出现三大派别的观点，一个重要的原因就是对于中央政策并没有仔细厘清，就匆忙亮明观点，主要从理论出发，而非从现实出发。如果要厘清“三权分置”的真实含义，必须从中央文件和相关权威解读入手。

中央政策最早出台相关规定，是2014年中央一号文件。但明确提出三权分置的观点，并详细论述，是2014年中共中央办公厅、国务院办公厅颁发的《关于引导农村土地经营权有序流转发展农业适度规模经营的意见》(以下简称《2014年适度规模经营意见》)。除此之外，中共中央、国务院《关于加大改革创新力度加快农业现代化建设的若干意见》(2015年中央一号文件) 要求“抓紧修改农村土地承包方面的法律，界定农村土地集体所有权、农户承包权、土地经营权之间的权利关系”。[1]所以，厘清“三权分置”的真实意图，必须将这三份权威文件结合起来考察。

首先，三份文件都表明之所以要推进“三权分置”，其宏观目标是为了实现农业现代化。2014年一号文件开宗明义：“工业化信息化城镇化快速发展对同步推进农业现代化的要求更为紧迫，……稳中求进，改革创新，坚决破除体制机制弊端，坚持

---

〔1〕 参见2014年中共中央办公厅、国务院办公厅颁发的《关于引导农村土地经营权有序流转发展农业适度规模经营的意见》和中共中央、国务院《关于加大改革创新力度加快农业现代化建设的若干意见》(2015年中央一号文件)。

农业基础地位不动摇，加快推进农业现代化。”[1]在目前四个现代化建设中，农业现代化是最大的短板。

其次，《2014年适度规模经营意见》明确指出：“实践证明，土地流转和适度规模经营是农业现代化的必由之路。”[2]这段话其实非常关键，常常为学术界忽视。其暗示的含义就是土地流转并非中央要求的结果，而是广大农村实践中已经大量存在的现实问题。在整个社会进行社会主义现代化建设的今天，工业化的发展吸收了大量的农村劳动力转入到第二和第三产业中来。农业的收入较低，使得不进行规模经营，就无法生存下去，除非你的农业收入只是副业。[3]而之所以是适度规模经营，则和我们国情相关，在广大中西部地区，很少有大块平原地带，耕地比较分散，除了几个大的平原地带外，没有发展大规模农场的条件，只能是发展一定规模的家庭农场和农业合作社。另外，现在许多农民家庭还处于家庭承包为主的状况，即便要向美国式的农场主农业发展，也需要长期的过渡时间，给农民充足的考虑时间，并把选择权交给农民，不能强制性地拔苗助长。所以，农村的大量土地流转已经成为现实，法律上如何进行表达就成了非常实际的问题。因为法律的一个基本功能就是定纷止争，即确定一个清晰的产权秩序，不能让一个社会中普遍存在的现象长期处于法律真空的状态。

最后，从功能主义理解中央文件。考察三份中央文件，就会发现文件中的确出现了不少权利的表达，最引人注目的就是

---

[1] 参见中共中央、国务院《关于全面深化农村改革加快推进农业现代化的若干意见》(2014年中央一号文件)。

[2] 参见《2014适度规模经营意见》。

[3] 至少在中部地区的农村和华北地区的农村，笔者的调研经验显示，土地要么被流转给大户进行经营，要么就是农民半工半农，分季节进行耕种和外出打工，农业收入只是其基本保障和副业。

"坚持农村土地集体所有，实现所有权、承包权、经营权三权分置"。[1]但据此就认为应该修改法律，将这些权利统统添加到法律中去，实际上混淆了政策概念和法律概念。在这个文件表达中，土地的集体所有权是已经存在的法律概念，而承包权和经营权均为法律上未曾被表述的概念，物权法中的概念是"土地承包经营权"。所以，用法律权利的概念来理解中央文件中的政策概念，是不对的。如果认为中央文件中的每个权利概念都应该在法律中予以表达，那么这个文件中还有其他的权利概念，如"土地流转优先权"，是否也要修改物权法，予以明确赋权呢？答案显然是否定的。

三、三权分置的主要争议

厘清了三权分置的政策前提之后，才能对学术界主要的争议点进行梳理。过去，承包地由农户经营，土地所有权与土地承包经营权的分置足以反映此时的经济关系，但"在土地流转过程中，土地承包经营权变成承包权与经营权两部分，从而形成了所谓的所有权、承包权和经营权'三权分置'的状态"。[2]在承包权、经营权的性质问题上，现行法律没有予以解决，主要争议在以下几个方面：

（一）土地承包经营权、承包权的性质和关系

现行物权法中明确表述的概念是土地承包经营权。[3]但2014年中央一号文件明确提出"农户承包权"和"土地经营权"两个概念，并在2014年适度规模经营文件中进一步确认此

〔1〕 参见《2014适度规模经营意见》。

〔2〕 韩俊："准确把握土地流转需要坚持的基本原则"，载《农民日报》2014年10月22日。

〔3〕 参见《中华人民共和国物权法》第11章。

概念。2015年中央一号文件重点强调了土地经营权对土地流转的意义。2016年中央一号文件再次表达了“土地集体所有权”“农户承包权”和“土地经营权”三个概念。这三个概念在法律上需要进一步厘清。

首先，土地承包经营权是现行法律明确规定的用益物权。那么农户承包权是从土地承包经营权中分离出来，还是先于土地承包经营权产生呢？按照2014年中央一号文件的精神，农村土地改革的前提是“稳定农村土地承包关系并保持长久不变”〔1〕，那么稳定农户承包权显然是针对此前提而言。

其次，农户承包权是一种社员权，即基于其农村集体组织成员而拥有的权利，所以农户的承包权从法理上应该先于土地承包经营权。但是两种权利是不同性质的。农户的承包权是一种社员权，即身份权。《中华人民共和国土地承包法》第5条明确规定：“农村集体经济组织成员有权依法承包由本集体经济组织发包的农村土地。任何组织和个人不得剥夺和非法限制农村集体经济组织成员承包土地的权利。”〔2〕成员权终极目标是公平，通过成员权的界定，保证集体中每个成员享有同等的权利，也减少成员之间的依附性，……独立表达对社会的基本观点。承包权在权属类别上属成员权，农户获得集体的承包地，依靠的是集体成员资格。〔3〕所以，有些学者在土地承包经营权的性质上纠结，实际上是误读了法律规则。还有不少学者混淆使用“承包权”和“土地承包经营权”也导致了理解的偏差。〔4〕

〔1〕参见2014年中央一号文件第17条。

〔2〕参见《中华人民共和国土地承包法》第5条。

〔3〕参见韦鸿、王琦玮：“农村集体土地‘三权分置’的内涵、利益分割及其思考”，《农村经济》2016年第3期。

〔4〕如楼建波：“农户承包经营的农地流转的三权分置——一个功能主义的分析路径”，载《南开学报（哲学社会科学版）》2016年第4期。

（二）承包权和经营权的性质和关系

第二个争议的问题是经营权的性质问题。前文已经探讨了农户的承包权是一种身份权，那么土地的经营权则不可能来自于这种社员身份权的分离，而只能是来自于土地承包经营权。陈锡文在2015年2月3日国务院新闻办公室的新闻发布会就明确："在落实土地集体所有权的基础上，需要稳定农民对土地的承包权。……在这个基础上，要放活农村土地的经营权。现在将农村土地流转，流转的是农村土地的经营权，实行三权分置，这也是为了更好的改革。"〔1〕

很多学者对于土地承包经营权能否分离出土地经营权持否定意见，主要包括三个方面的反对意见：其一，以所有权权能分离论证"三权分离"的正当性，不合他物权设立的基本法理。由所有权的整体性所决定，所有权不是占有、使用、收益、处分等各种权能在量上的总和，而是一个整体的权利，不能在内容或时间上加以分离。〔2〕土地承包经营权等用益物权并不是所有权权能分离的结果，而是土地所有权人行使其所有权的表现。〔3〕这部分学者认为土地承包经营权并非土地集体所有权分离的结果，只是基于土地所有权人基于法律行使所有权的具体表现。其二，土地承包经营权分离为土地承包权和土地经营权缺乏法理支持。土地承包经营权是物权法对于约定俗成的说法法律化的结果，土地承包经营权所传达的是在农村土地之上设立的以从事农业生产为目的的权利，但并没有细分为"土地承包权"和"土地

〔1〕"陈锡文、韩俊解读2015年中央一号文件"，载 http://www.zgxcfx.com/Article/81695.html，最后访问日期：2016年10月21日。

〔2〕参见王泽鉴：《民法物权》，北京大学出版社2010年版，第110页。

〔3〕参见房绍坤：《用益物权基本问题研究》，北京大学出版社2006年版，第44页。

经营权”。〔1〕其三，他们认为现行土地制度并不阻碍土地流转，本身足以保证土地的流转。虽然在表述上先后经历了“稳定”“长期稳定”到“稳定并长久不变”的变化，但稳定土地承包关系的根本宗旨没有变，那就是避免农民的土地承包关系不稳定乃至土地承包经营权被非法剥夺的现象。〔2〕稳定土地承包关系，不仅不排斥土地流转，而且还有利于土地流转。〔3〕其四，他们认为物权法体系之下，真正带有身份权的是土地集体所有权，土地承包经营权并非身份权利。在新型农业经营体系之下，完全无须固守本集体经济组织成员平等取得土地承包经营权的传统模式，发包方完全可以根据以民主决策程序形成的土地承包方案，将本集体的土地发包给非集体经济组织成员的农业生产者。〔4〕此时，没有土地承包经营权的农民集体成员仍然依据其身份享受系列相关权利。

笔者对于此种争议将从三权如何分离入手。前述高圣平为代表的观点有一个假设的逻辑前提，三权分置从两权分置而来。改革开放之后，我们将农村土地集体所有权分置为土地集体所有权和土地承包经营权，再按照经济学家的设计，把两权再向三权予以分置，将土地承包经营权进一步分离为土地承包权和土地经营权。但是这个逻辑前提并不正确，只是学者们的

〔1〕参见高圣平：“新型农业经营体系下农地产权结构的法律逻辑”，载《法学研究》2014年第4期。

〔2〕参见1988年11月25日《中共中央、国务院关于夺取明年农业丰收的决定》、1990年12月1日《中共中央、国务院关于年农业和农村工作的通知》、1991年11月29日《中共中央关于进一步加强农业和农村工作的规定》、2002年11月4日《中共中央关于做好农户承包地使用权流转工作的通知》。

〔3〕参见韩长赋：“积极推进新型农业经营体系建设”，载《人民日报》2013年8月7日。

〔4〕参见高圣平：“新型农业经营体系下农地产权结构的法律逻辑”，载《法学研究》2014年第4期。

想象而已。实际上，纵观历次中央文件，从来都没有提出土地承包经营权是集体所有权分离出来的结果。前文，笔者已经指出，在2002年的《中华人民共和国土地承包法》就已经有了承包权的法律概念，并且与土地承包经营权并列存在。从法理逻辑上分析，承包权才是农民基于集体经济成员的身份权，而土地承包经营权则是法律基于农民的承包权赋予农民的土地权利。至于土地承包经营权的性质在2007年《中华人民共和国物权法》已经明确定义为用益物权，只是现存的法律之间（主要是《土地承包法》和《物权法》）存在一些衔接的问题，使得学术界对于土地承包经营权的性质仍然存在争论。

基于以上讨论，高圣平等学者所主张的第一、二条理由自然无法成立。因为土地承包权、土地经营权并非来自于对土地承包经营权的分离，而是基于不同的法理产生。前者依据《土地承包法》是一个社员权，而土地经营权是土地承包经营权的一种权能，恰恰是基于土地承包权为实现土地集体所有权而来。第四个观点也是错误的。因为按照现行土地法律制度体系，土地属于农村集体所有，但土地承包权则是农民基于农村集体成员身份而拥有的社员权，这在《土地承包法》中规定得非常明确。学者们的偏差在于单纯从《物权法》孤立地理解现行土地制度和中央文件，自然难免偏颇。至于第三种观点，有一点道理，但并不全面。现行制度的确是运行土地承包经营权的流转，而是现实实践中也大量存在土地流转的情形，但说现行法律制度十分有利于土地流转则过于偏颇。正是因为现行《土地承包法》和农业部相关土地流转法规对土地流转的大量限制，使得现实实践中大量土地流转在形式和内容上均处于灰色地带，权属界定不清，产生大量土地纠纷。典型的如《土地承包法》第37条规定：“土地承包经营权采取转包、出租、互换、转让或者其他方式流转，当事人双方应当签订书面合同。采取转让方式流转的，应当经发包方同意；采取转包、出租、互换或者其他方式流转的，应当报发包方备案。”〔1〕

（三）经营权是否可以抵押的问题

第三个核心争议问题即经营权是否可以抵押问题。讨论这个问题的前提是不少学者对于土地经营权和土地承包经营权的关系尚有疑虑。实际上，前文已经提及土地承包经营权是一种法定用益物权。而土地经营权则是土地承包经营权的一种权能。2014 年中央一号文件在内的中央文件的表述，并不代表其所有的概念都是法律概念。所以土地经营权并非一个法律概念，只是土地承包经营权的一种具体权能而已。我们在讨论学术问题时必须区分政策概念和法律概念，厘清了这个问题，我们才能讨论经营权是否可以抵押的问题。在很多学者看来，所谓三权分置主要是为了能把农民的土地经营权盘活为一种可以抵押的金融资产。

《物权法》第 184 条第 1 款第 2 项规定：“耕地、宅基地、自留地、自留山等集体所有的土地使用权，但法律规定可以抵押的除外……”〔2〕在现行法律体制下，通过招标拍卖协商获得的农村荒地是可以抵押的，但是其他农地是不可以抵押的。可见，我国法律是禁止抵押土地承包经营权的，但在现实中已经突破了。2010 年 11 月重庆市出台了《关于加快推进农村金融服务改革创新意见》。其中明确规定：“将在全市推广农村土地承包经营权抵押融资。”类似的情况还有江西、河北、湖北等地的

〔1〕 参见《中华人民共和国土地承包法》第 37 条。

〔2〕 参见《中华人民共和国物权法》第 184 条。

情况。[1]尽管2015年《国务院关于开展农村承包土地的经营权和农民住房财产权抵押贷款试点的指导意见》已经提出进行两权试点，但是应该仅仅限于在试点地区谨慎进行。如果要放开土地经营权（或土地承包经营权）的抵押权能，则需要修改《物权法》和《农村土地承包法》《担保法》相关法律规制。能够从法律上放开是一个问题，实际效果可能是另外一个问题。因为从实践的效果来看，并不非常理想。如武汉地区的实验表明，允许农村土地承包经营权的抵押后，后期银行在接盘土地承包经营权之后，遇到农民阻止的问题。[2]法律问题从来都不是一个单纯的法律问题，而是社会综合问题，必须通盘考虑。

四、三权分置的现实路径

（一）梳理三权分置的三个原则

自2014年中央一号文件和《2014年适度规模经营文件》提出三权分置以来，围绕三权分置的逻辑构建争论颇大。主要集中于土地所有权、土地承包经营权、土地承包权和土地经营权的法律关系，和与现行法律体系的关系问题，这实际上是四种权利和一个体系问题。通过对经济学界和法学界研究文献的梳理，基本可以发现学术界存在对于现行政策的误读，之所以会产生种种误读，主要是由于以下几个原因：一是把政策概念与法律概念混淆，这是经济学家们常常犯的错误。二是从理论出发，而非从实践问题出发，来思考问题，这是法学家们常常犯的错误。所以，要解决三权分置的内在逻辑和法律表达问题，

---

〔1〕 参见李国强："论农地流转中'三权分置'的法律关系"，载《法律科学》2015年第6期。

〔2〕 参见周慧："农民承包土地经营与住房财产权抵押融资试点启动"，载《21世纪经济报道》2015年8月25日。

需要把握几个原则：首先是从实践问题出发，从功能主义出发；其次是区分政策概念和法律概念，以现行法律体系为前提；是以综合经济、社会、历史、法律的视角来考量权利问题。把握这三个原则，对于梳理三权分置的问题显得至关重要。

（二）三权分置的历史逻辑

中央文件提出三权分置，最大的前提就是解决现实中农村土地的问题。农村土地问题的大前提则是城镇化和现代化，一方面，随着城镇化的发展，大量土地被抛荒或者流转，而随着土地确权，过去被忽视的土地权利纠纷则大量产生；另一方面，农业现代化在中国推进缓慢，主要是中国多数国土处于山地丘陵，所以土地分散，而且人在不断增长，土地却是有限的。为了解决这些问题，土地规模经营是一个必要前提。只有规模经营，才可能提高生产效率，购买农业机械设施，逐步实现农业现代化。笔者在河北大量农村的调研显示〔1〕，农村的土地流转目前规模整体仍然比较小，大棚主要局限于 20 亩～30 亩的大棚。土地流转难以推广的一个重要原因是农民的观念问题。〔2〕少数农民之所以对于土地流转仍存顾虑，主要是考虑到土地流转后是否就失去土地。所以，中央提出三权分置，第一个意图是通过稳定土地承包权要打消农民的顾虑；第二个意图则是土地所有权在过去存在虚化的现象。过去几十年，土地所有权是农村集体所有，但在实践中往往被农村集体组织（即发包人）所控制，发包人在很多时候替代了农民集体所有权人。按照现行法律，土地承包经营权人如果要出让自身的土地承包经营权，则需要发包人同意，所以，实际上，土地发包人对于农户有很

〔1〕笔者这里调研的农村主要是衡水、邢台地区的农村。

〔2〕相比之下，山东等地的农民观念就相对开放，如济南寿光等地的农村大棚则动辄数百亩，规模比衡水地区大很多。

大的影响。之所以设计这个制度，是为了平衡国家、集体和个人三方面的利益。如果允许得当，这个制度是很精妙的。只是过去几十年间，基层的农村经济组织出现了种种问题，使得发包人没有很好地代理集体经济组织行使所有权人的角色，产生了很多社会问题甚至群体性事件；〔1〕第三是农业现代化和城镇化客观上出现了土地流转的需求，从功能主义的角度，农村出现了第三方群体，即土地流转的转受人。为了有效地规范集体、农户和第三方群体的利益，中央才提出三权分置的概念，即土地所有权、土地承包权和土地经营权三种权利鼎足而立。

（三）三权分置的法理逻辑

1. 坚持土地所有权集体所有不变

对于土地集体所有制，也有学者持有异议。他们认为目前的土地集体所有形同虚设，建议直接确权给农户，如候继虎认为："关于农村集体土地'三权分置'的提法在法理上难以说通，村民小组集体土地所有权主体地位已经名存实亡。将农户承包的耕地所有权确权到户，形成农村集体土地'三级所有'的创新体制，是目前保障农民土地权益的最佳选择。"〔2〕其核心观点是将土地所有权由村集体给予农户。这种观点不仅曲解了此次确权的本来含义，同时也不符合当前的土地宪制。首先，此次土地确权的内容不仅包括土地所有权，而且更主要的是包括农户的土地承包权和土地经营权。通过确权来厘清历年来农村土地的权属情况，也可为国家掌握整体农田土地现状提供基础性资料。因此，某种意义上，土地确权和人口普查的意义一样重大。土地和人口一样是一个主权国家最重要的资源，作为

〔1〕 典型如广东的"乌坎事件"。

〔2〕 参见候继虎："论耕地的确权到户与用途管制"，载《社会科学家》2015年第11期。

中央政府不能没有一个通盘整体的掌握。过去几千年，由于技术和信息的原因，中国的中央政府可以说一直没有能够准确地弄清楚整个国家的——包括耕地在内的——土地的总量。清雍正开始摊丁入亩，一直到清末也没有把全国的土地丈量清楚；其次，通过确认更加让农民确信其对土地的身份权（土地承包权）长久不变，为下一步土地经营权的流转打消疑虑。最后，土地集体所有是新中国成立六十余年以来反复总结经验的结果，是基础性宪制，不能轻易更改。中国共产党人通过数十年的艰苦奋斗，其最大的革命成果就是消灭了地主阶层，实行土地革命，实现耕者有其田的制度。实行土地私有制，实际上是否认了中国社会主义革命的合法性，又回到了实行几千年的封建土地制度。实际上，了解中国农村的同志就会发现，农民也并不要求土地所有权，在乎的是稳定的土地使用权（承包权）。通过对中国历史的观察我们也会发现，土地私有最终的结果就是土地兼并，大多数农民会再次失去稳定的土地使用权。

所以，在目前农民仍占中国多数人口的前提下，动摇土地基本宪制的风险极大。在农民没有强烈要求的前提下，没有必要动摇国家的根本制度——土地宪制。而土地公有制，很多研究都表明是中国过去三十年城镇化和现代化建设的基础性条件，它的作用被大大低估了〔1〕。

2. 稳定农户土地承包权

目前学术界最大的误区，在于把土地承包权看作土地承包经营权的一部分内容或者从土地承包经营权中分离出来的内容。这个误区有两个原因：一个是目前《土地承包法》和《物权法》的规定。现行《物权法》第128条规定：“土地承包经营权

〔1〕参见张学博：“土地财政的历史观察：1988~2015年”，载《宁夏社会科学》2016年第3期。

人依照农村土地承包法的规定，有权将土地承包经营权采取转包、互换、转让等方式流转。”[1]而《土地承包法》第 37 条规定：“土地承包经营权采取转包、出租、互换、转让或者其他方式流转，当事人双方应当签订书面合同。采取转让方式流转的，应当经发包方同意；采取转包、出租、互换或者其他方式流转的，应当报发包方备案。”[2]也就是说，虽然《物权法》把土地承包经营权放在用益物权这一节，但是《土地承包法》第 37 条的规定让土地承包经营权与普通的用益物权人有明显的不同。《物权法》第 143 条规定：“建设用地使用权人有权将建设用地使用权转让、互换、出资、赠与或者抵押，但法律另有规定的除外。”[3]即建设用地使用权人可以自由决定对已经受让的土地使用权的出让和互换。但是土地承包经营权人如果要转让其土地承包经营权，却需要得到发包人的同意。许多学者据此认为土地承包经营权是一种身份权和用益物权的复合权利。对此，笔者不能赞同。虽然《土地承包法》对土地承包经营权的出让进行了一定的限制，但不代表土地承包经营权就是一种身份权。因为，基于农民的农村集体经济组织成员的身份，法律对于其土地承包经营权进行了一定法律上的限制，并不代表法律否定了其用益物权的性质。用益物权本身主要是占有、使用、收益他人所有权的的权利。所以用益物权人可以通过各种方式（包括出让和出租）来实现其收益，这没有问题。但是这并不排斥法律可以对用益物权进行一定限制。《物权法》对于建设用地使用权人的权利规定就不同附加了但书条款：“法律另有规定的除外。”《土地承包法》对土地承包经营权的出让进行限制，恰恰

〔1〕 参见《中华人民共和国物权法》第 128 条。
〔2〕 参见《中华人民共和国土地承包法》第 37 条。
〔3〕 参见《中华人民共和国物权法》第 143 条。

是因为基于农民的土地承包权是不可出让的，所以在农民出让其土地承包经营权时才进行了一定限制。另外一个原因就是很多学者都忽视了《土地承包法》已经有对农民土地承包权的规定。《土地承包法》第5条明确规定："农村集体经济组织成员有权依法承包由本集体经济组织发包的农村土地。任何组织和个人不得剥夺和非法限制农村集体经济组织成员承包土地的权利。"[1]紧接着第6条的规定同时出现了"承包"和"承包经营权"的概念。《土地承包法》第6条规定："农村土地承包，妇女与男子享有平等的权利。承包中应当保护妇女的合法权益，任何组织和个人不得剥夺、侵害妇女应当享有的土地承包经营权"。所以，现行《土地承包法》实际上本身就有土地承包权的概念，只是基于土地承包权是一种身份权，并未在后续法律条文以及后来的《物权法》中体现，使得很多学者误认为土地承包权是从土地承包经营权中分离出来的。事实和逻辑都恰恰相反，土地承包权不仅不是从土地承包经营权中分离出来的，反而恰恰是其权利的源头。正确的逻辑是：土地所有权→土地承包权→土地承包经营权（土地经营权）而非土地所有权→土地承包经营权→土地承包权+土地经营权。

所以，稳定农户的土地承包权，实际上就是在此次确权中，把土地所有权和土地承包权都尽量明确到户。使得农民放心，大胆把自己的土地承包经营权（土地经营权）进行流转，因为基于其身份的土地承包权是不可以转让的，不会丧失。

3. 土地承包经营权和土地经营权

第三个问题就是如何放活土地经营权的问题。多数学者的讨论都集中在是否把土地经营权通过修改法律的形式予以明确

〔1〕 参见《中华人民共和国农村土地承包法》第5条。

赋予用益物权的问题。即主张增设土地经营权这一用益物权类型，其权能主要表现为对承包土地的独立占有、经营、收益和处分，[1]具体包括自主生产经营权、抵押、入股等处分的权利。[2]这实际上是混淆了政策概念和法律概念，并非每个政策中的概念都要有法律上的确认，同时也混淆了权能和权利的概念。这里的土地经营权实际上只是土地承包经营权的权能。目前的《土地承包法》并不否认土地承包经营权的流转，只是在土地承包经营权的出让时设置了一个限制性条款。但是正基于此，《担保法》不允许土地承包经营权被抵押。因为土地承包经营权一旦被抵押，则有可能被出让或处分，而土地承包经营权本身的出让是受到限制的。所以土地经营权（或者土地承包经营权）能否抵押获得资金，关键在于是否有自由出让或者处分的权利。担保法之所以允许通过出让获得的土地使用权被抵押，关键在于该土地使用权已经进入市场之中，是完全可以流通的财产权。而土地经营权（或土地承包经营权）还是受到发包人限制的用益物权。所以，如果要解决土地经营权（或土地承包经营权）的抵押问题，关键在于区分土地承包权和土地承包经营权，并在此基础上修改《土地承包法》和《物权法》，取消发包人对于土地承包经营权人的交易限制权。一旦解决这个问题，则土地经营权（或土地承包经营权）自然可以进行抵押。去“承包权”身份性限制的土地承包经营权当然可以胜任政策中的土地经营权重任，应当去除《物权法》第128 条关于土地承包经营权转让须经“发包方”同意等不必要

〔1〕 参见张力、郑志峰：“推进农村土地承包权与经营权再分离的法制构造研究”，载《农业经济问题》2015 年第 1 期。

〔2〕 参见潘俊：“农村土地‘三权分置’：权利内容与风险防范”，载《中州学刊》2014 年第 11 期。

限制。[1]尽管土地经营权的受让人仍然受到限制，但至少在这个相对闭合的空间内，银行等金融机构可以为出让人的土地经营权定价并设置抵押权。

所以，土地经营权作为土地承包经营权的一种权能，并不需要单独由法律来予以重新赋权，只需要对现行《土地承包法》进行适当调整，即可在相当程度上解决土地经营权的流转和抵押问题。也就是说，三份中央文件所提到的土地经营权并非是一个法律概念，而是一个政策概念，其实就是土地承包经营权的重新解释，也就是土地承包经营权要去掉其身份性。

（四）三权分置的现实路径

首先，坚持土地集体所有权不动摇。当前土地制度是中国宪制的核心内容，历经数十年奋斗而总结出来的经验，兼顾了国家、集体和个人三方面利益，可以调动政府、农村集体和个人几方面的积极性，是十分精妙的制度安排。正因如此，习近平同志才在全面深化改革小组第七次会议上强调："要坚持土地公有制性质不改变、耕地红线不突破、农民利益不受损三条底线。"[2]但是，也要注意到，目前集体土地所有权被虚化的现象比较严重。发包人不能很好地代理集体土地所有权的现象亟待纠正。从法理上讲，发包人是受集体经济组织成员共同委托来行使管理职权的，既要让发包人代表集体经济组织的利益不受到个别成员的干扰，也要防止发包人滥用权力损害农村集体经济组织成员的土地经营权。

其次，要厘清土地所有权、土地承包权和土地经营权三者的关系。集体土地所有权是农村集体组织成员共同所有，而土

〔1〕参见丁文："论土地承包权与土地承包经营权的分离"，载《中国法学》2015年第3期。

〔2〕参见习近平在2014年12月2日全面深化改革小组第七次会议上的讲话。

地承包权则是农村集体组织成员依据其成员身份享有的承包集体土地的身份权。在土地承包权基础上，农村集体组织成员才享有土地经营权（或者土地承包经营权）。土地承包经营权是现行《物权法》确定的用益物权，而土地经营权是其权能，中央文件中提出的这个概念是一个政策概念，并非是一个法律概念，并不需要进行大规模的法律调整。大规模的法律调整成本高昂，也产生了很多法理上的不自洽，通过对于土地承包经营权的重新解释并配合法律修改（《土地承包法》和《物权法》相关限制要进行调整），就可自然地解决三者的法理逻辑问题。

最后，稳定土地承包权和放活土地经营权问题。所有的法律规则归根到底都是为了解决现实实践中的具体问题。我们要更关注“实”而非“名”的问题。认真阅读《土地承包法》，土地承包权本身已经存在，只是学术界不是特别关注，现在只需予以重申而已。关于如何强调土地承包权，有学者主张进一步修改《土地承包法》，对这一成员权予以细化。《物权法》第59 条和第 63 条等有关农民集体所有权的立法条款，为土地承包权的制度构建预留了一定的立法空间。[1]但关于土地经营权问题，多数学者显然把权利的名称看得过于重要。中央文件作为一种政策性文件，显然更关注实际问题，而不在乎名称。只要能解决实践中的土地流转和土地经营权抵押问题，名称是“土地承包经营权”还是“土地经营权”并不重要。

---

〔1〕 参见丁文：“论土地承包权与土地承包经营权的分离”，载《中国法学》2015 年第 3 期。

第十章

土地财政的历史观察:1988~2015年

一、问题的提出

主流的学术研究中，对土地财政几乎不约而同地持批评态度。“土地征用、开发和出让……从长远来看，这三者之间的过密关系是我国经济社会长期可持续发展的障碍。”〔1〕“土地财政有力地推动经济……财政风险；产生腐败寻租行为；经济社会发展与城市化进程不可持续；拉大城乡差距，国民收入分配不合理。”〔2〕陈国富、卿志琼认为：“在土地征收中，政府存在财政幻觉……土地财政的兴起……实体法和程序法上双重的还权于民的改革。”〔3〕“高度依赖土地资本化和房地产业的经济发展是不可持续性的。为促进地方政府财政行为的转型……需要进一步完善财政体制和税收体系，弱化土地及……切断‘土地财政’运行机制的循环链条。”〔4〕但也有学者对土地财政开启了

〔1〕 周飞舟：“大兴土木：土地财政与地方政府行为”，载《经济社会体制比较》2010年第3期。

〔2〕 邓子基：“关于土地财政的几个问题”，载《学术评论》2012年第1期。

〔3〕 陈国富、卿志琼：“财政幻觉下的中国土地财政——一个法经济学视角”，载《南开学报（哲学社会科学版）》2009年第1期。

〔4〕 陈志勇、陈莉莉：“财税体制变迁、‘土地财政’与经济增长”，载《财贸经济》2011年第12期。

对土地财政的重新认识，某种程度上提升了我们对于土地财政的理解。赵燕青认为："土地财政是中国城市化启动的关键制度，对于城市化原始资本的积累起到重要作用。……简单地放弃土地财政并转向税收，可能带来一系列风险。土地财政不应……不断升级乃至逐渐退出。"〔1〕

土地财政并非中国的专利，美国也曾经相当程度上依赖土地财政。"从建国至1862年的近百年间，美国联邦政府依靠的也是'土地财政'……创始13州的新拓展地和新加入州的境内土地，都由联邦政府所有、管理和支配。"〔2〕"从建国至1862年，是美国联邦政府的土地财政时期。公共土地、联邦财政强权及最小政府概念的约束一起构成了土地财政的制度背景。"〔3〕北大国发院课题组发现："成都的土地制度改革可以概括为：增加现存征地制度的弹性，探索在非征地模式下配置土地，以确权为基础……改革征地制度准备条件。"〔4〕贺雪峰以成都经验为样本得出了相反的结论："成都城乡统筹经验的本质是政府通过土地财政主导经济高速发展和城市快速扩张……从而形成了巨大的经济总量；这个经济总量的一部分……级差地租……经济发展和城市扩张中的良性循环，进而为顺利完成城市化的历史性使命提供了可能。"〔5〕

---

〔1〕 赵燕青："土地财政：历史、逻辑与抉择"，载《城市发展研究》2014年第1期。

〔2〕 王宏利："美国土地财政收入演进规律及启示"，载《地方财政收入》2011年第5期。

〔3〕 骆祖春、赵奉军："美国土地财政的背景、经历与治理"，载《学海》2012年第6期。

〔4〕 北京大学国家发展研究院综合课题组："还权赋能——成都土地制度改革探索的调查研究"，载《国际经济评论》2010年第2期。

〔5〕 贺雪峰："破除'还权赋能'的迷信——以《还权赋能——成都土地制度改革探索的调查研究》的主要观点与周其仁教授商榷"，载《南京师大学报（社会科学版）》2013年第4期。

综上所述，土地财政并非中国的独创。赵燕青、贺雪峰的研究极具启发性，但是仍有可深入提炼之处。“所谓宪制问题，是指一国以基本政治法律制度，应对本国的重大、长期和根本的问题，如国家的统一……才能予以化解、缓和或解决的麻烦。”[1]土地财政起步于深圳、厦门，到 1998 年之后全面铺开，遍地开花，完全改变了地方政府行为模式，也成了过去 20 年公民社会分层的主要形式，从而从根本上构建了国家与公民、中央与地方关系，因而实质上成了这几十年中国税制的一部分。某种意义上讲，一个国家的税制与其宪制是塑造与被塑造的关系。如熊彼特所说：“税收不仅有助于国家的诞生，也有助于它的发展。……就可以改变这个国家的社会结构。”[2]以土地财政为主导的地方税制在相当程度上建构了中央与地方关系，以土地财政为替代的财产税制在相当程度上构建了国家与公民的关系，从而成了中国特色发展道路的基石。在这个制度中，中央政府、地方政府是最大的受益者，那些早期买房的公民相当于购买了城市的股票，随着城市化的进展而增值，只有后期进入城市的新移民是受害者。那么，正在全面推进中国城镇化的中国，土地财政已经需要全面退出了吗？

二、土地财政的历史分析（1988~2015 年）

自 2000 年以来，我国大部分地方政府每年收取的土地资源相关税收和出让金都占到了地方财政收入的 60%以上。[3]狭义

---

〔1〕 苏力：“何为宪制问题？——西方历史与古代中国”，载《华东政法大学学报》2013 年第 5 期。

〔2〕 Joseph A. Schumpet, “The Crisis of Tax State”, in *International Economical Papers*, NewYork: Macmilan, 1958, pp. 4, 17~19.

〔3〕 匡小平、卢小祁：“财政分权、地方财政赤字与土地财政——来自中部欠发达地区 J 省的经验证据”，载《中南财经政法大学学报》2012 年第 1 期。

的土地财政是指一些地方政府依靠土地作为政府取得收入的重要工具，通过出让土地使用权来获得土地出让金，作为地方政府收入的重要补充来源；[1]而广义的土地财政则可以被理解为地方政府通过土地和房地产业所获取的一切收入。[2]

（一）土地财政的法律依据

1982年《宪法》第10条规定："国家为了公共利益的需要，可以依照法律规定对土地实行征用。"[3]1988年《宪法（修正案）》将《宪法》第10条第4款"任何组织或者个人不得侵占、买卖、出租或者以其他形式非法转让土地"。修改为"任何组织或者个人不得侵占、买卖或者以其他形式非法转让土地。土地的使用权可以依照法律的规定转让"。[4]1988年的土地管理法第2条规定："国家为了公共利益的需要，可以依法对集体所有的土地实行征用。……转让的具体办法，由国务院另行规定。国家依法实行国有土地有偿使用制度。"[5]1988年《宪法（修正案）》和1988年《土地管理法（修正案）》为后来的土地财政扫清了法律上的障碍。1990年《城镇国有土地使用权出让和转让暂行条例》为后来二十多年的土地财政起到了操作细则的作用。

1993年《国务院关于实行分税制财政管理的决定》第三部分"分税制财政管理体制的具体内容"中的地方固定收入

〔1〕 刘红梅、张志斌、王克强："我国土地财政收入研究综述"，载《开发研究》2008年第1期。

〔2〕 王举、吕春梅、戴双兴："土地财政与房地产业发展"，载《地方财政研究》2008年第10期。

〔3〕 参见《中华人民共和国宪法》（1982年）。

〔4〕 参见《中华人民共和国宪法》1988年宪法修正案。

〔5〕 参见1988年《关于修改〈中华人民共和国土地管理法〉的决定》第2条。

包括“营业税，地方企业所得税，……土地增值税，国有土地有偿使用收入等”。[1]谁都没有料到被排在地方固定收入中最后一名的国有土地有偿使用收入（简称“土地出让金”）会在之后成为地方政府最重要的收入来源，并成为地方与中央角力的利器。

（二）土地财政的制度土壤

1993年分税制决定还只是为土地财政埋下了种子，而1998年7月3日发布《国务院关于进一步深化城镇住房制度改革加快住房建设的通知》（国发［1998］23号）则吹响了号角。房改目标是：停止住房实物分配，……逐步实行住房分配货币化。[2]

国发［2003］18号文对国发［1998］23号文进行了修正，将国发［1998］23号文提出的“建立和完善以经济适用住房为主的多层次城镇住房供应体系”改变为让“多数家庭购买或承租普通商品住房”，要“增加普通商品住房供应”。[3]国发［2003］18号明确提出：房地产是国民经济支柱产业，这进一步刺激了地方政府发展房地产业的冲动。

与此相配套的制度规定还有招拍挂制度。1999年资源部下发了《关于进一步推行招标拍卖出让国有土地使用权的通知》，2002年国土资源部出台了《招标拍卖挂牌出让国有土地使用权规定》。该规定明确规定：……各类经营性用地，必须以招标、拍卖或者挂牌方式出让。[4]

自国发［2003］18号文之后，绝大多数居民被推向了市场

---

〔1〕参见1993年12月19日《国务院关于实行分税制财政管理的决定》。

〔2〕参见1998年国发［1998］23号文。

〔3〕参见2003年国发［2003］18号文。

〔4〕参见《招标拍卖挂牌出让国有土地使用权规定》（2002年4月3日国土资源部第4次部务会议通过）。

的商品房。土地出让金的价高者得制度使得地方政府有不断推高地价的冲动。1994年分税制实施之后，地方获得的分税以及中央的转移支付加起来，相比地方建设所需的无限需求而言仍显得捉襟见肘，同时不断加强的预算管理压力也使得地方政府更偏好预算外管理的土地出让金收入。

土地出让的市场化带来了可观的收益：1999~2004年官方公布的土地出让金分别为514.33亿元……5894.14亿元。2006~2007年分别为7676.89亿元、13 000亿元。[1]2013年土地出让金达41 200亿元人民币。2003年、2007年和2013是三个重要节点。2003年实现了土地出让金2倍增幅，而2007年土地出让金破万亿规模，2013年、2014年更是创纪录超过4万亿。这还只是计算土地出让金的收入，如果算上与土地相关的营业税等税费，那么数字将更加巨大。

三、土地财政塑造当代中国税制

相比学术界对于土地财政的激烈批评，土地财政能够数十年屹立不倒，显然有其存在的巨大合理性。“任何社会知识和制度都是地方性的，不可能放之四海而皆准。”[2]即便是制度的移植，也必须深深植根于中国国情之中。历史上每次大规模的文化融合都以外来文化为中华文化融合为结果，比如佛教到了中国衍生出禅宗。即使新中国成立后第一部婚姻法就规定了“男女平等”，但实际上在新中国成立六十余年后的今天，中国农村和城市普遍存在的“彩礼”现象用事实说明了人民群众并不会天然接受与民间习俗相反法律的规定。如同家庭联产承包责任制、

〔1〕 匡家在：“土地出让金制度变迁与地方政府行为”，载《中共中央党校学报》2009年第2期。

〔2〕 苏力：《法治及其本土资源》，北京大学出版社2015年版。

乡镇企业一样，中国特色的土地财政同样都是人民群众（包括个人、企业、地方政府和官员）自己摸索创造的产物，而不是自上而下设计的产物。

急剧膨胀的“土地财政”帮助政府以前所未有的速度积累起原始资本。“城市基础设施不仅逐步还清欠账……高速增长，只能用惊叹来描述。”正是在土地财政的支撑之下，地方政府大大推动了城市的发展，而城市的发展是现代商业文明的核心要素。一个关键的因素是土地财政使得地方政府获得了信用，因而在市场上获得了融资，从而可以透支未来信用来支撑现在的基础设施建设和投资。

（一）土地财政：中央与地方博弈

土地财政从一开始就是中央与地方博弈的产物。正是分税制所确定的地方名义税收不足以满足中央政府要求地方政府推动的城市化建设，通过出让土地获得高额地租才成了地方政府的选择。中央政府一方面希望地方政府积极推动中央制定的战略规划，另一方面不希望地方政府脱离中央政府的控制。事实上之所以要在 1994 年实行分税制，一个重要的原因就是中央政府没钱了，1994 年分税制改革是被倒逼的改革。如果深究下去，改革开放的最初动机也是因为遇到了财政危机，全国老百姓吃不饱肚子。所以 1994 年分税制之前中央政府面临的危机时刻提醒着中央政府必须把地方政府牢牢掌握在手中，尤其是财政权力。土地财政起初未被中央政府重视，但发芽长大之后，中央政府就不断试图将其纳入预算控制之中，却遭到了地方政府顽强抵制。我们以土地出让金为例来说明问题。

2006 年，财政部、国土资源部会同中国人民银行制定了《国有土地使用权出让收支管理办法》，实行“收支两条线”管理。但即便土地出让金被纳入了预算内管理，也无法从根本上抑制地方政府的卖地冲动。[1]1994 年的分税制使得土地出让金全部留归地方支配。[2]1997 年，中央政府规定存量土地收益仍归地方，专门用于城市基础设施建设、土地开发……2006 年土地调控措施规定，国有土地收益被全额纳入地方预算，……解决对农民的补偿和农村社会保障资金，其余部分逐步提高对农村土地开发……新增建设用地出让收入专项用于农田建设和土地整理开发。[3]2007 年起，新增建设用地使用费标准提高 1 倍，中央和地方仍三七分成。

不论怎么博弈，地方政府在土地出让金的分配上，始终至少占七成以上。2006 年中央关于土地出让金收支管理办法明确规定："土地出让收入的使用要重点向新农村……努力提高农民的生活质量和水平。"土地出让金资金庞大，且使用用途又无精确的规定，地方政府自然会将其牢牢地握住。

从更大的历史观来看中国政府，一条贯穿整个历史的主线就是《三国演义》开篇那句话："论天下大事，分久必合，合久必分"。中国历史从三代之后，自周朝始就是不断统一与分裂的交替历史。尽管中国共产党领导工人农民建立了社会主义国家，开展了轰轰烈烈的社会主义建设，但是从世界范围的大国经验以及新中国建立之后的种种事实来看，由中国共产党建立的这个新生政权在两个一百年内，最大的问题仍然是巩固民族国家的统一和团结。以中国历史为例，尽管公元前 202 年刘邦就建立了汉朝，但国家一直叛乱不断。汉景帝在晁错的建议下削藩，导致在公元前 154 年发生了"七国之乱"，结果晁错被诛，经周

---

〔1〕 张学博："分税制、土地财政与官员晋升锦标赛"，载《科学社会主义》2014 年第 5 期。

〔2〕 参见 1993 年 12 月 19 日《国务院关于实行分税制财政管理的决定》。

〔3〕 参见 2006 年《国务院办公厅关于规范国有土地出让收支管理的通知》。

亚夫等人经三月方始平叛。直到公元前 127 年（汉武帝元朔二年），汉武帝采纳主父偃的建议，颁布“推恩令”，规定诸侯王除以嫡长子继承王位外，可以推恩将自己的封地分给子弟，由皇帝制定封号。推恩令使诸侯王多分封子弟为侯，使王国封地被分割。至此方彻底解决了中央集权问题，此时离汉朝建立已经过去了近八十年。此后历代王朝莫不如此。明朝建文帝继位之后，也试图削藩，结果尸骨难寻，燕王朱棣继位。实际上，中国共产党之所以能够领导工人农民夺取政权，在很大程度上也是因为作为代表中央的蒋介石政权与地方军阀之间的争斗，即毛泽东同志所说：“中国是一个许多帝国主义国家互相争夺的半殖民地，而代表其利益的各个军阀不断混战的国情”。[1]熟读中国历史的毛泽东显然知道对于中国共产党来说，新中国成立后首先要解决民族统一并防止地方分裂的问题。事实上，到今天为止，台湾问题尚未解决，新疆、西藏、香港的境外势力仍然在煽风点火。因此，中央政府牢牢掌握人事和财权就显得极其重要了。

中央财政牢牢掌握着财权，但中国仍处于社会主义初级阶段，仍然要坚持发展仍是解决我国所有问题的关键这个重大战略判断。[2]地方政府为了推动地方经济建设和发展，中央财政的转移支付仅仅足够保持地方政府机构运转，而在过去的二十年间，中国之所以实现了举世罕见的超常规发展，显然是因为地方政府除了中央财政转移支付之外，还找到了其他金融手段来获得融资，即主要通过土地来获得信用，再运用土地获得的信用

〔1〕 毛泽东：“星星之火，可以燎原”，载《毛泽东选集》（第 1 卷），人民出版社 1991 年版。

〔2〕 参见十八届三中全会《中共中央关于全面深化改革若干重大问题的决定》。

朝银行获得融资，转过来再进行城市基础设施建设和政府投资。

（二）人民群众：受害者抑或受益者？

随着城市化的不断推进，购买房地产的民众和那些邻近城区被开发商拆迁的民众纷纷获得了巨大的财富，成了土地财政的受益者。“在中国，居民购买城市的不动产，相当于购买城市的‘股票’。不仅……租值，还可以分享未来新增服务带来的租值！”

伴随着过去十年里群体性事件的高发，相当部分的群体性事件和上访是由于土地拆迁引发的。这使得政学两界理所当然地认为：“农民由于土地征用利益受损，城市市民由于土地财政而买不起房，地方政府和开发商是土地财政最大的受益者。”但是仔细分析下来，这样的观点存在相当的漏洞，也是与我们的常识相背离的。首先，今天的农民已经严重分化了，不能用一个笼统的农民来概括所有的农民群体。“中国已经没有一个统一的农民，土地也不再是一种类型的土地。要搞清楚我们讨论的是‘什么农民的什么土地’，不搞清这个问题，我们就可能用少部分城郊农民的土地问题来替代想象一般农村主要用于农业用途的农民的土地问题。”〔1〕农民的分化呈现出了复杂的趋势，沿海地区的农民、城市郊区的农民和偏远地区的农民是一种分化，而一个地区内部的农民也分化为在外打工的农民和留守的农民以及子女读书上学的农民等。“在农业税取消之后，农民至少可以分为：脱离土地的农民阶层、半工半农阶层、在乡兼业农民阶层、普通农业经营者阶层、农村贫弱阶层。”〔2〕不同阶层的农民对土地收入依赖程度、对土地流转的态度、对待乡村秩序的

〔1〕贺雪峰：“中国土地制度向何处去”，载《学习与实践》2009年第6期。

〔2〕贺雪峰：“取消农业税后农村的阶层及其分析”，载《社会科学》2011年第3期。

态度也不尽相同。这再次说明了毛泽东同志对中国国情的基本论断仍未改变："中国是一个政治经济发展极不平衡的大国。"[1]在城镇化开始之后，农民开始可以向城市流动，在可以从城市获得较高的经济收入的同时，在老家还拥有一份自留地和宅基地作为保障和退路。恰恰是因为有了城镇化建设，需要大量新的劳动力，偏远地区的农民才能够来到城市打工，获得较高的经济收入。而城镇化建设的前提就是土地财政，没有土地财政，城镇化无法取得今天的高速成就。由于土地财政和城镇化，偏远地区的农民的收入水平取得了很大提高，尽管是不稳定的，尽管也产生了留守老人、留守妇女儿童，但我们必须承认，纵向比较来说，偏远地区的农民的整体生活水平相比城镇化之前是大大提高了。很多农民之所以认为自己利益受损，更多的是因为他们来到城市获得了更多的信息，看到了城市生活的美好，感觉与当地城市市民相比，自己与之差距更大了。而城市郊区的农民毫无疑问是土地财政的直接受益者，相当一部分人一夜暴富。当然土地拆迁过程中存在很多问题，但那更多的是补偿标准问题，以及补偿本身公不公平的问题，即"丘也闻有国有家者，不患寡而患不均，不患贫而患不安"。[2]社会问题本身不会随着经济的发展而消灭，更可能随着经济的发展而增多。

城市市民同样是高度分化的，本地户籍人口、外来务工人口、外地来当地上学留本地工作人口等等。那么不同分层的农民和市民的利益是大大不同的。实际上，感到自身买不起房的白领群体主要是由于读书从外地（主要是农村和小城市）来到大城市并留在大城市体制外工作的人群，如电视机《蜗居》里

[1] 毛泽东："中国的红色政权为什么能够存在"，载《毛泽东选集》（第1卷），人民出版社1991年版。

[2] 金良年撰：《论语译注》，上海古籍出版社2010年版。

面的海藻和她的男朋友小贝。[1]由于1998年的房改，使得住房问题推向了市场化，这使得他们在开始参加工作早期，无力购买并拥有自己的商品房。他们受过高等教育，掌握有媒体和网络的话语权，因而认为土地财政是造成他们无法购买商品房的罪魁祸首。其实与农民问题一样，这些刚毕业的大学生之所以不满，是因为许多同样毕业的大学生依靠父母的力量购买了商品房，引起了白手起家的大学生们的不满。实际上，大多数人通过若干年的奋斗，最终都购买了自己的商品房，否则就会到别的城市发展。即便在发达国家，刚毕业的大学生也不可能购买自己的商品房，只不过中国人的住房与家庭、婚姻、福利等问题纠结在一起，产生了各种社会问题。但这些问题不能归结于土地财政，实际上，多数市民由于土地财政和城镇化，自身的居住水平都在不断提高。

"当下，中国农民至少分成了两类：一类是5%的城郊村或城中村的农民，他们有土地被征收的机会，事实上参与……分配；另一类是95%的非城郊农民，他们的土地……基本没有可能分享城市化过程中的土地增值收益。"[2]前者实际上已经成了一夜暴富的土地食利阶层，而非城郊农民实际上与土地财政本身关联不大。城市市民同样面临如此问题。本地原有市民本身拥有土地或住房的人都是土地财政的直接受益者，而买不起房子的外来务工人口和非原住市民不可能通过改变土地财政制度而获得住房。如果继续呼吁加强对土地和住房权利的保障，实际上会进一步引起社会分配不公。"一旦有了这个土地食利者阶

〔1〕《蜗居》是由滕华涛执导的电视剧，改编自作家六六2007年出版的长篇小说《蜗居》，由海清、张嘉译、文章、李念、郝平领衔主演，2009年7月27日在上海电视台首播。

〔2〕贺雪峰：《地权的逻辑》，东方出版社2013年版。

层，他们凭借自己是特定位置农地承包经营者的地位来获取超额利益时，当前具有极其重要的作用。……结果就是，中央财政用于建设全国性重大基础设施的能力大为下降。"[1]这意味着土地食利阶层的重新出现，中国资产阶级革命和社会主义革命所打破的土地私有制将卷土重来，地方财政能力大大削弱，需要中央财政更大的转移支付来支持地方的建设发展，从而影响中央财政对于全局问题、中西部问题等的转移支付能力，从而在实质上影响了国家的治理能力。

（三）土地财政是中国当代税制的重要组成

尽管土地财政并非是中国的发明和专利，但是将土地财政作为支持整个国家城镇化发展战略的基础性制度，并且让绝大多数人受益，的确是一项极富中国特色的伟大实践。地方政府通过土地为信用，来获得巨大融资，从而支撑城市的基础设施建设和发展，取得了惊人的中国奇迹。但长期以来我们忽视了我们之所以可以通过土地作为信用融资的一个前提是：土地公有制度。中国共产党在1949年制定的《中国土地法大纲》最大的贡献就是从制度上彻底废止了实行了两千多年的封建性及半封建性剥削的土地制度。[2]尽管仍然还保留了农民的所有权，但在经过三大社会主义改造之后，以1956年通过的《高级农业生产合作社示范章程》为标志，合作化运动完成了从初级形式向高级形式的彻底转变，也完成了由土地的农民所有制向集体所有制的转变[3]。

---

〔1〕贺雪峰："城镇化进程中的土地财政问题思考"，载《甘肃农业》2013年第3期。

〔2〕参见《中国土地法大纲》，1947年9月中国共产党全国土地会议在西柏坡通过。

〔3〕参见《高级农业生产合作社示范章程》，1956年6月30日第一届全国人民代表大会第三次会议通过。

正是因为两次中国革命确立了土地公有制，改革开放之后地方政府才可能通过征用集体所有土地并出让获得级差地租来得到进行基础设施的巨量资金。实际上，传统封建社会最主要的制度基础就是土地为少数人所有。资产阶级政党没有实现的平均地权的理想实际上是中国共产党领导的工农联盟才完成的。“如果没有经过彻底资产阶级革命或社会主义革命，这样的国家（如印度）就会形成土地利益集团，因为他们具有土地所有权，而处处要求作为土地所有者而拥有的特权利益。”由于土地公有制，地方政府才可能通过获得级差地租来支撑规模巨大的城市基础设施建设，获得了全世界惊叹的城镇化发展。在城镇化过程中，地方政府、农民、开发商、市民是其中四个主体。表面上看，地方政府和开发商是最大的受益者，但地方政府获得的收益反过来被大量用于地方基础设施建设，提升了农民和市民的居住环境和所能拥有的福利。这个过程中，毫无疑问存在着大量的寻租，但可以通过预算制度改革来纠正。少数农民和市民存在补偿标准过低的问题，而补偿标准过低又是一个执行标准和少数地方政府执行能力问题。绝大多数老百姓都是城镇化运动的受益者，现代文明的核心要素是城市，而非农村。“只有减少农民，能富裕农民，这是世界各国促进农业、农村发展的基本经验。而我国农民增收所面临的最大困难，也恰恰在于向二、三产业和城镇转移农业劳动力所面临的困难。”[1]并不能因为寻租问题彻底否定土地财政的巨大功能和贡献。

基于以上分析，我们初步可以得出一个结论：尽管存在着腐败寻租、地方政府自由掌控收入等种种弊端，土地财政制度激励了地方政府、企业和个人的积极性，某种程度上弥补了中

〔1〕陈锡文：“试析新阶段的农业、农村和农民问题”，载《宏观经济研究》2001年第1期。

央财政权力上收之后地方财政的缺口，从而缓解了中央与地方的关系[1]，从而推动了中国的城镇化建设，提升了多数城市市民和城郊农民的整体福利水平，也为中央财政解决中西部问题、三农问题等提供了前提条件。在这个意义上，土地财政构成中国当代税制的重要组成部分，是当代中国特色社会主义建设实践中自我选择出来的道路。

四、土地财政往何处去?

土地财政过程中当然存在官商勾结的腐败问题，但是腐败问题绝非土地财政所致，而是一个系统的社会性问题。房价飞涨、城乡收入差距、土地金融风险进一步扩大的确是事实，但并不能单纯说是土地财政所导致，都有复杂的社会经济原因，不能全部归结到土地财政的头上。土地财政弥补了分税制实施以来地方财政的缺口，使得地方财政有能力支撑大规模的基础设施建设和政府投资，而这些基础设施建设和政府投资对于中国的城镇化建设和长远发展起到了基石性的作用。尽管在土地财政中贯穿了中央政府与地方政府的反复博弈，但对于土地财政对地方政府的支撑作用，中央政府显然与地方政府之间也是心有默契。另一方面，5%的城郊农民实际上是土地财政的受益者，而非受害者。其余 90%以上的农民虽然高度分层，但绝大多数人同样受益于土地财政所推动的城镇化建设，经济收入和生活水平得到了显著提高。绝大多数城市市民的居住条件也因为住房改革取得了巨大的提高，政府有了财政力量的同时才可能投入财力进行保障房建设。虽然成都经验具有大城市城郊的

---

〔1〕 这一点在实证上也为许多经济学家数据所证实，详细参见周飞舟："分税制十年：制度及其影响"，载《中国社会科学》2006 年第 6 期；孙秀林、周飞舟："土地财政与分税制：一个实证解释"，载《中国社会科学》2013 年第 4 期。

特点，但并不当然具有向全国推广的借鉴意义。那么未来土地财政的前景如何呢？

首先是保持现有土地制度的稳定。土地财政对于过去近三十年中国城镇化建设的巨大作用，其前提就是现有的集体土地制度和在此基础之上的建设用地国有化制度。“当前中国土地制度中，大体有四个与基本制度安排，一是农地集体所有……二是城市建设用地国有……土地性质即由集体所有变为国有；三是中国实行最严格的耕地保护政策……四是土地用途管制。”〔1〕具体法律制度就是现行的《中华人民共和国土地管理法》和《中华人民共和国城市房地产法》。2015年全国人民代表大会常务委员会已经授权国务院在北京市大兴区等33个试点县（市、区）行政区域，暂时调整实施《中华人民共和国土地管理法》《中华人民共和国城市房地产管理法》关于农村土地征收、集体经营性建设用地入市、宅基地管理制度的有关规定。〔2〕这个授权尽管从形式上与1988年《宪法（修正案）》并不违背，但与过去三十年中国特色社会主义实践中的经验是相背离的。土地制度的改革涉及国家的根本制度，必须十分慎重。在试点成功之前，绝不应该向更大范围推开。

其次是逐步完善税制，稳步推进，因地制宜。税制的完善是一个相当长的过程。从世界范围的税制发展来看，个人所得税是中央税的重要部分，销售税和财产税是地方税制的基础。然而个人所得税的确立均经历了非常漫长的过程，财产税的确立也十分漫长。只要地方税制和中央财政转移支付无法支撑地方

---

〔1〕 焦长权：“土地财政不等于涨价归公——从贺雪峰《地权的逻辑Ⅱ》出发”，载《文化纵横》2014年第5期。

〔2〕 参见《全国人民代表大会常务委员会关于授权国务院在北京市大兴区等三十三个试点县（市、区）行政区域暂时调整实施有关法律规定的决定》，2015年2月27日第十二届全国人民代表大会常务委员会第十三次会议通过。

政府基础设施建设，那么地方财政就仍然依赖于土地财政，这是一个短期内无法改变的事实。“可参考美国地方政府的做法，将我国地方现在征收的城市维护建设税和教育费附加等进行改革，改造成具有独立税基和地方流转税性质的销售税。”[1]比较紧迫的改造销售税，即将现有的消费税从生产环节改造为在消费环节征收。至于被学界期待甚高的财产税，尤其是房地产税和遗产税，目前的进展并不迅速。房地产税牵一发而动全身，不仅仅牵涉地方税制、税制结构、收入分配的问题，而且涉及如何对待公民财产权的问题。[2]即便在本届人大内通过立法，看看重庆和上海试点的结果，就可以发现其在整个税制中的比重很小，不大可能于短时期内支撑起地方经济发展、替代土地财政的职能。

再次，在地方税制足以替代土地财政之前，土地财政本身其实就是广义地方税制的一部分，也是中国当代税制的重要组成部分，不能轻言废止。土地财政对于当前税制最大的贡献，就是替代了极可能引起公众反感的直接税制。从现代国家的观念来看，从间接税为主向直接税过渡，有利于培养公民的纳税人意识，塑造公民意识，但是让纳税人接受直接税，尤其是财产税，对于中国来说，是一个十分缓慢的过程。回顾民国时期，1914 年开始酝酿，民国政府开征所得税时激起了民间团体之激烈反抗，从中可以看出，有产者对于直接税是十分敏感的，以至于国民党政府借助战争面临之财政危机，直到 1936 年 7 月正式制定《所得税暂行条例》。[3]借助于战争危机之理由，仍用

〔1〕 李玉红、白彦峰：“地方税制改革格局中的主体税种选择问题研究”，载《中央财经大学学报》2010 年第 6 期。

〔2〕 张学博：“房地产税并非房产税”，载《检察日报》2015 年 9 月 17 日。

〔3〕 魏文亨：“国家税政的民间参与——近代中国所得税开征进程中的官民交涉”，载《近代史研究》2015 年第 2 期。

20年之久，方通过此直接税。可见直接税开征之艰难。土地税制尤其根本，轻易动之，实属撼动国本。中国仍然是一个农民占主体的大国，农民问题是中国稳定和发展的基石。城镇化的高速发展让很多人忘记了这个基本事实。同时很多人忽视了农民的分层问题，忽视了马克思主义的基本观点："经济基础决定上层建筑。"不能因为我们的改革中出现了一些问题就否定基本制度本身，比如土地公有制，就如同不能因为少数村干部违法就推断所以村干部都是在欺压老百姓一样。现在不少学者所力推的土地确权对于那些一辈子偏远地区的农民而言意义并不大，其实质就是力图把我们经过社会主义改造建立的土地公有制私有化。土地的私有化，历史已经反复证明，必然产生土地兼并，必然产生土地食利阶层，这是中国几千年社会矛盾的根源，也是历代王朝覆灭的主要原因。即便美国也是如此，土地阶层在美国社会利益非常大，常年享受政府巨额补贴，阻挡世界自由贸易，成为美国政府无法解决的难题。我们中国共产党领导人民进行了新民主主义革命和社会主义革命，才推翻了地主阶级和买办阶级为代表的封建社会〔1〕，消灭了土地私有制。过去三十余年的改革开放，恰恰说明中国的土地公有制，包括土地国有制和土地集体制的结合，以及现有的土地征用制度，既发挥了农民的积极性，又控制了国家在征用土地时的成本，为中国的城镇化建设创造了最大的制度基础。这是中国人民自己在实践中走出来的道路，植根于自身的制度土壤，应该坚持。

最后，现有土地制度并非完美无缺，需要进一步完善。贺雪峰所说那95%的农民（非城郊农民）所享有的涨价归公的权利并没有被落到实处。尽管95%的农民与自己相比，生活水平

---

〔1〕 毛泽东："中国社会各阶级的分析"，载《毛泽东选集》（第1卷），人民出版社1991年版。

也有一定提高，但是横向比较起来，这95%的农民与社会中其他群体的差距的确有扩大的趋势。而这95%的农民毫无疑问是最需要受到公有制照应的群体。所以，未来可以考虑进一步加大中央财政对这部分95%的农民的财政转移支付力度，或者从制度上要求地方政府从土地收入中提高对那些偏远地区农民的补助，而不局限于提高失地农民补偿标准。

第十一章

中国农村土地制度的历史观察：1949~2016年

——基于土地宪制的视角

一、问题的提出

关于中国农村土地制度的未来走向，目前的学术界讨论似乎被经济学家所主导。经济学家内部又分为主流和非主流两种。一种以周其仁为代表，一种以华生为代表。周其仁认为："现行土地管制与征地制度，引发了无数社会冲突、权力腐败、利益输送和资源错配，再不主动改革，怕要面临系统性崩溃的危险境地。"〔1〕周其仁的观点主要是通过对农村土地的确权，试图让农村的宅基地流转起来，将农村的宅基地变成资源，使得农村的财产性收入迅速增加。极力倡导成都经验在全国的推广。〔2〕而华生的观点，虽然并非是经济学界的主流观点，但对目前的土地财政进行了强烈批判，并由此对现行的土地秩序进行了批判，认为只有改革现行农村土地制度，才能保持中国经济社会的进一步发展。两者虽然观点大不相同，但却有一点共识，即

〔1〕 周其仁："给农民更多的土地权利，真会损害农民的利益吗?"，载《经济观察报》2011年7月22日。

〔2〕 周其仁的主要观点集中表达在"还权赋能——成都土地制度改革探索的调查研究"（发表在《国际经济评论》2010年第2期）文中。

现行的土地制度不合理，需要进行变革。[1]法学界对于中国农村土地制度的探讨，仅仅局限于对“所有权、承包权、经营权”的规范性研究，缺乏更深入的制度性探讨。[2]但法学界对于承包经营权的研究，局限于从民法的权利视角，主要是规范意义上法律权利义务关系探讨，即属于法教义学的研究内容，对于法律自洽固然有其研究价值，但缺乏更加宏大的视野，没有从整个中国农村土地制度的视角来思考这个大问题，即从中国巨大的社会转型视野来看待涉及中国人口主体的基本的宪制问题。除了以上三种观点，还有一种观点独辟蹊径，提出了对中国农村土地制度的正面观点，即认为现行的农村土地宪制是合理的，而且正是这项中国特色的土地宪制使得中国改革开放三十多年以来的城镇化建设取得了惊人的成就，在中国的城镇化完成之前（未来20年），现行的农村土地宪制是合理的，尽管还需要进一步完善。这种观点被称为“山药蛋派”，以贺雪峰、赵燕青等学者为代表。贺雪峰以成都经验为样本，得出了相反的结论：“成都城乡统筹经验的本质是政府通过土地财政主导经济高速发展和城市快速扩张……从而形成巨大的经济总量，进而为顺利完成城市化的历史性使命提供了可能。”[3]不仅如此，他进一步认为现行土地制度不仅相当合理，甚至极其精巧。现行土地制

〔1〕参见华生：“土地财政不消灭会动摇国家根基”，载《上海证券报》2012年7月19日。

〔2〕法学界关于三权分置的代表性论文参见朱继盛：“论‘三权分置’下的土地承包权”，载《河北法学》2016年第3期；李国强：“论农地流转中‘三权分置’的法律关系”，载《法律科学》2015年第6期；高富平：“农村土地承包经营权流转与农村集体经济的转型——新一轮农村土地制度改革的法律思考”，载《上海大学学报（社科版）》2012年第4期；等等。

〔3〕贺雪峰：“除‘还权赋能’的迷信——以《还权赋能——成都土地制度改革探索的调查研究》的主要观点与周其仁教授商榷”，载《南京师大学报（社会科学版）》2013年第4期。

度安排为中国提供了不同于其他发展中国家的经济剩余分配方式，从而使中国可以在目前“中国制造”基础上从容发展战略产业，实现产业升级，实现从“中国制造”向“中国创造”的伟大转变。[1]

整体来看，学术界存在两种观点，一种以周其仁和华生为代表，否认现行土地制度的合理性，要求对现行农村土地制度进行重大变革。一种以贺雪峰和赵燕青为代表，对现行农村土地制度持肯定意见，并对由此而生的土地财政持基本上正面的意见。2014 年 11 月，中央出台了《关于引导农村土地经营权有序流转发展农业适度规模经营的意见》（以下简称“意见”）。《意见》的核心内容是所有权、承包权、经营权三权分置思想，鼓励农村土地流转，鼓励土地适度规模经营。中央在土地确权上采纳了以周其仁为代表的主流经济学家的观点，但在农村土地用途方面仍然坚持管制的特点，只能用于农业，而非主流经济学家所主张的将农村建设用地直接转换为城市建设用地，让农民直接在市场上进行建设用地交易。而且意见明确提出：首先是维护好农村集体土地所有权，其次是保护好农民的承包权，然后才是搞活农民的经营权。[2]十八届三中全会决定提出：“符合规划和用途管制前提下，允许农村集体经营性建设用地出让、租赁、入股，实行与国有土地同等入市、同权同价。”[3]需要注意的是十八届三中全会决定强调的是农村集体经营性建设用地，

---

〔1〕 详细论证参见贺雪峰：《地权的逻辑：地权变革的真相与谬误》，东方出版社 2013 年版，第 3 页。

〔2〕 详细参见高云才：“三权分置，农村土地制度改革重大创新——农业部部长韩长赋解读《关于引导农村土地经营权有序流转发展农业适度规模经营的意见》”，载《农村、农业、农民》2014 年第 11 期。

〔3〕 参见 2013 年 11 月 12 日中国共产党第十八届中央委员会第三次全体会议通过的《中共中央关于全面深化改革若干重大问题的决定》。

具体主要是指过去乡镇企业村办企业所产生的遗留建设用地，并非农民的宅基地。所以在学术界所鼓吹的宅基地流转问题上，目前仍然处于学术探讨阶段。正因如此，对于中国农村土地制度改革，需要从更宽阔的历史视野，从宪制的视角来进行分析，在国情基础上对中国农村土地制度的未来给出明确的答案。

二、中国农村土地制度的历史变迁（1949~2016年）

回答今天的问题，尤其是中国农村土地制度的基本宪制问题，需要回顾历史。由于篇幅所限，本书只是截取新中国成立之后的时间维度，对中国农村制度的变迁予以分析。

（一）农民所有权阶段（1949~1955年）

中国共产党夺取全国政权后，1949年《中国人民政治协商会议共同纲领》规定了农村耕地的基本制度，即“有步骤地将封建半封建土地所有制改变为农民土地所有制”，“凡实行土地改革的地区，必须保护农民已得土地所有权”。1950年6月28日颁布的《土地改革法》规定：“土地改革完成后，由人民政府发给土地所有证，并承认一切土地所有者自由经营、买卖及出租其土地的权利。”[1]1954年《宪法》进一步捍卫了农民的土地所有权。这段时间的中国农村土地制度实际上是中国共产党在夺取全国政权之后履行了之前对农民的承诺，即孙中山所提出的“平均地权”的思想在国民党手中没有实现，但在共产党的手中实现了。经历了资产阶级革命和新民主主义革命，中国共产党人推翻了两千多年的封建地主所有制，实现了农民土地

〔1〕参见1949年《中国人民政治协商会议共同纲领》和1950年《中华人民共和国土地改革法》。更早的可以追溯到毛泽东在1928年主持制定的《井冈山土地法》。1947年《中国土地法大纲》进一步明确了中国共产党关于土地农民私有的主张。

所有制。随着新民主主义革命的完成，这个农民所有权制度很快作为过渡形式消失了。

（二）农村集体所有集体经营阶段（1955~20世纪80年代中期）

从1949年到1957年之间，中国农村先后开展了互助组、初级社和高级社运动。在1949~1955年之间的互助组和初级社时期，中国农村土地还属于农民私有，但从1955年之后的高级社时期开始，农民的土地私有权被农村集体所有权取代了。而从1958年开始的人民公社化运动则使得农村土地制度进一步变成了集体所有、集体经营的体制。[1]《农村人民公社工作条例（修正草案）》规定“土地归生产队所有”；“宅基地归生产队所有，一律不准出租和买卖”。宅基地禁止流转，但同时规定，房屋归农民私有，可自由买卖和出租。[2]房屋和宅基地实行两种制度就此确立，并且在1982年《宪法》（现行）中得到了继承和确认。

（三）农村土地集体所有家庭联产承包责任制（20世纪80年代中期至今）

到20世纪80年代中期，“集体土地、家庭承包经营”，这一制度已经在全国范围推广普及。1987年，全国有1.8亿农户实行了这种制度，占全国农户总数的98%。[3]这就是对大包干制度在全国的推广，也就是在继续坚持土地集体所有的同时，赋予农村家庭承包经营权。1988年《宪法（修正案）》规定：任何组织或者个人不得侵占、买卖或者以其他形式非法转让土地。土地的使用权可以依照法律的规定转让。[4]1988年《土地

---

〔1〕张旭东：“建党以来中国农村土地制度的演变及启示”，载《生产力研究》2013年第12期。

〔2〕参见1962年《人民公社60条》。

〔3〕张旭东：“建党以来中国农村土地制度的演变及启示”，载《生产力研究》2013年第12期。

〔4〕参见《中华人民共和国宪法》（1988年修正案）。

管理法》规定：国有土地和集体所有土地使用权可以依法转让；国家依法实行国有土地有偿使用制度。[1]1993年《宪法（修正案）》规定："农村中的家庭联产承包为主的责任制和生产、供销、信用、消费等各种形式的合作经济，是社会主义劳动群众集体所有制经济。参加农村集体经济组织的劳动者，有权在法律规定的范围内经营自留地、自留山、家庭副业和饲养自留畜。"[2]这一宪法修正案在宪法上明确了家庭联产承包责任制的合法性。1998年《土地管理法》规定："国家依法实行国有土地有偿使用制度。除兴办乡镇企业、农民建房和乡村公共公益事业用地外，其他任何单位和个人，必须使用国有建设用地，农民集体所有的土地使用权，不得出让、转让或出租用于非农业建设。"[3]2004年《宪法（修正案）》进一步完善了土地征收征用制度。其规定："国家为了公共利益的需要，可以依照法律规定对土地实行征收或者征用并给予补偿。"[4]2004年《土地管理法（修正案）》根据《宪法（修正案）》进一步确认了此内容。

至此，中国现行的农村土地宪制完全成型。其核心内容包括土地集体所有制和家庭联产承包责任制，土地用途管制即农村土地不能直接进入二级市场，严格耕地保护制度（占用耕地复垦补偿制度）。如果从1949年新中国成立起算，中国共产党用55年的时间才初步探索出了一条符合现实国情的农村土地制度。先后经历了农民土地所有制、农村集体所有集体经营制、农村集体所有家庭联产承包责任制三种形式。如果从更大的历

---

[1] 参见《中华人民共和国土地管理法》（1988年修正案）。
[2] 参见《中华人民共和国宪法》（1993年修正案）。
[3] 参见《中华人民共和国土地管理法》（1998年修正案）。
[4] 参见《中华人民共和国宪法》（2004年修正案）第10条。

史视野来看，中国历史就是一个土地公有制和土地私有制不断混合交替的历史。中国共产党（包括之前的中国国民党）数十年的革命的主要目的就是打破统治中国几千年的土地地主所有制，实现耕者有其田。这个土地制度可以说是整个中国特色社会主义制度的基石性制度，刚刚确立十年左右，就要轻言放弃，即便有再充足的理由，也需十分谨慎。变法没有十倍之利，不可轻言废立。

三、中国农村土地制度的宪制分析

中国的社会转型，仍然处于1840年以来的“数千年未有之大变局”的现代化洪流之中。而现代化的核心是市场经济和城市化。从1949年到今天，毫不夸张地说，农村土地制度为中国的现代化起到了基石性作用。在改革开放之前的30年间，中国农村的土地集体所有集体经营制度，为中国的工业化立下了汗马功劳。而在改革开放之后的三十多年里，中国农村的土地集体所有和土地征用制度则再次发挥了极其重要的作用，使中国的城镇化建设取得飞速发展，中国的城市基础设施不仅远远优于发展中国家，即便与很多发达国家相比，也一点不逊色。

（一）从农民所有制到集体所有集体经营制（1955~1980年中期）

在改革开放之前，中国实行高度的中央计划经济体制，但土地并没有实行完全的土地国有制，而是按照城市和农村进行了二元区分。1958年的两部法律《中华人民共和国农业税条例》（以下简称《农业税条例》）[1]和《中华人民共和国户口

[1] 参见《中华人民共和国农业税条例》，1958年6月3日第一届全国人民代表大会常务委员会第96次会议通过，2005年12月29日的全国人大十届第十九次会议决定自2006年1月1日起废止。

登记条例》（以下简称《户口条例》）[1]确立了新中国成立后影响最为深远的体制——城乡二元体制。实际上，之所以选择城乡二元体制完全是客观国情所导致。1954年的新中国第一部宪法本来规定了公民有迁徙自由的权利，[2]但是在操作中很快发现国家的财政能力无法满足全体公民人人平等福利的要求，其实质是整个中国当时还是一个以农民为主体的农业国，城市在社会中只占十分小的比重。这也是国民党会输给共产党的真正原因，因为两者的群众基础不同，国民党的主要政权基础是城市资本家，而共产党的政权基础是工人和农民，甚至主要是占中国绝大多数的农民。所以，中国共产党没有选择土地国有制，而采取农民集体所有制，是一个十分高明的选择。采取农民集体所有制，既避免了农民呈现一盘散沙的局面，同时又没有把土地收归国有，使得农民有很高的积极性。同时通过合作社的形式，可以逐步用组织的方式将农产品由国家来统筹，系统地支援国家的工业化建设。苏联采取的集体农庄正是因为采取了过激手段，将全部土地收归国有，并且过度牺牲农业和农民，偏重发展重工业，时代国民经济长期失衡，最终才造成了严重的后果。而毛泽东同志在新中国成立之后很快就发现了这个问题。他指出："我们现在发展重工业可以有两种办法，一种是少发展一些农业轻工业，一种是多发展一些农业轻工业。从长远来看，后一种办法会使得重工业的发展基础更加稳固。"[3]

把土地所有权留给农民集体，同时采取集体经营制度，在新中国成立初期，对于发展工业是有很大帮助的。但是随着人

---

〔1〕 参见1958年《中华人民共和国户口登记条例》。

〔2〕 参见1954年《中华人民共和国宪法》第90条。

〔3〕 毛泽东："论十大关系"，载《毛泽东选集》（第5卷），人民出版社1977年版，第269页。

民公社化运动的展开，这种制度过于集中，使得其弊端逐步显现出来，即“大锅饭”的普遍出现。这才有了后来的小岗村实行“大包干”，并且逐步在全国推开的制度改变。

（二）现行土地宪制的核心安排

经过了三十多年的探索，中国逐步形成了现行的土地宪制。其核心安排表现为以下四个方面，这四个方面安排对于中国的现代化建设起到了基石性的作用。

1. 土地集体所有基础上的家庭联产承包责任制

农村土地的集体所有对于中国来说，是一个基石性制度安排。旧中国之所以在近代被西方国家打败，一个根本性的原因就是民众一盘散沙，社会没有被组织起来，现代意义的民族国家没有形成。对于这个问题，国民党试图通过保甲制度来解决，但是失败了。最终，中国共产党解决了中华民族一盘散沙的问题。解决的关键因素有两个：一个是通过古田会议将党支部建在连上，通过党指挥枪解决了军队的现代化问题；另外一个就是通过土地革命，通过民众的组织，如农会和后来的村党支部把农民组织起来。而村集体能够把农民组织起来的一个经济基础就是土地集体所有。这是一个非常精巧的制度安排。如同中国古代社会通过井田制把村落组织起来一样，中国共产党也运用土地制度把一盘散沙的农民组织起来。但是如果是土地收归国有，那么农民则会丧失存在感，无法被有效地凝聚在一起。如果将土地所有权分给农民个人，则农民又会回到传统的自耕农时代，又将陷入一盘散沙的境地，无法被制度性地塑造在一起。所以采用土地集体所有既符合中国人的中庸之道，又能起到把农民比较有效地组织起来，共同为中国的现代化建设贡献自身的力量的作用。

除了土地集体所有之外，家庭联产承包责任制也是一个非常重要的基础性制度。家庭联产承包责任制意味着土地的承包经营权是以家庭而非个人为单位来拥有土地的承包经营权。家庭联产承包责任制则能够起到齐家的功能。古代中国社会通过父慈子孝以及男女有别等制度设计来实行儒家齐家[1]的目的，而中国共产党则运用家庭联产承包责任制变相实现了这种功能。在今天这样一个思想大变革时代，这是一个真正“寻常看不见，偶尔露峥嵘”的基础性制度安排。

2. 土地征收制度

1982 年《宪法》和 1986 年《土地管理法》规定了土地征用制度[2]。但对征用的性质和是否需要补偿都没有明确规定。2004 年《中华人民共和国宪法》第 10 条规定：“国家为了公共利益的需要，可以依照法律规定对土地实行征收或者征用并给予补偿。”[3]2004 年《宪法（修正案）》世界上确立了中国的土地征收和征用制度。2004 年《宪法（修正案）》确立的土地征收征用制度包括几个方面的内容。首先是公共利益的前提。土地的征收和征用以公共利益为前提。但对于公共利益并不能作狭义之解释。因为中国正处于现代化的关键时期，现代化的一个核心表现形式就是城市化。而城市化必然要增加城市建设用地，必然面临着不断向城市郊区扩展的现实国情。城市化的平面推进必然要征收农村集体土地。其次，区分了征收和征用。其中征用为临时性使用，不得超过 2 年，征收则为永久性的。[4]

---

〔1〕 详细论证可以参见苏力：“齐家：父慈子孝与长幼有序”，载《法制与社会发展》2016 年第 2 期；苏力：“齐家：男女有别”，载《政法论坛》2016 年第 4 期。

〔2〕 参见《中华人民共和国宪法》（1982 年）和《中华人民共和国土地管理法》（1986 年）。

〔3〕 参见《中华人民共和国宪法》（2004 年）。

〔4〕 参见《中华人民共和国土地管理法》（2004 年）。

第三，土地征收和征用带有强制性。中国的农村土地征收和征用，出于公共利益需要，国家可以强制征收和征用。这个制度的前提是土地公有制，即城市的土地所有权本身属于国家，而集体的土地所有权本身属于农村集体，并非属于农民个人，农民家庭只拥有承包经营权。正是在此基础上，国家才可以为了公共利益的需要，包括城市化的原因，进行强制性的土地征收和征用。如果是在以土地私有制为前提的国家，则不可能实现强制性的土地征收制度，比如日本、美国、印度等国家都实行土地私有制。[1]所以这些国家的老城区改造就面临十分巨大的成本，甚至不能进行下去。基于土地的不可移动性，一旦出现钉子户，城市的基础设施建设就会面临无法推进的现实。第四，中国农村土地的征收和征用实行补偿而非赔偿制度，这是一个非常重要的制度。由于中国的农村土地的所有权在于集体，土地是公共财产权，农民仅拥有土地的承包经营权，所以对农村土地的征收和征用，是进行补偿而非赔偿。这种补偿意味着是弥补其损失（当然既包括现实损失，也包括可预期的未来损失），但是并非一直惩罚性赔偿。[2]政府征收征用土地，基于公共利益考虑，显然并非是一种过错行为，不能按照惩罚性的高额赔偿的标准来考量。当然，按照补偿原则，也要遵循合理性标准，不仅考量失地农民的现实和未来的经济损失，也要考量其生活方式改变和心理预期社会关系等因素。[3]不能认为政府

---

〔1〕 参见陈卫、何如海、王超："农村土地制度改革的国际比较"，载《世界农业》2014年第3期。

〔2〕 按照一般的法学理论，一般民事责任是按照恢复本来面貌为原则，即补偿为原则，而只有在行政责任、经济法责任中，比如消费者欺诈等，才出现惩罚性的高额赔偿。

〔3〕 参见贺雪峰：《地权的逻辑：地权变革的真相与谬误》，东方出版社2013年版，第41页。

按照补偿性标准对农村集体土地征收是对农民的剥削。无论如何，目前现实征地中钉子户以土地所有权人姿态所要求的天价补偿是不合理的，也是对绝大多数永远没有征地拆迁机会的农民的极大不公平。

3. 耕地严格保护制度

1998年土地管理法规定："十分珍惜、合理利用土地和切实保护耕地是我国的基本国策。"[1]第31条进一步规定："国家实行占用耕地补偿制度。非农业建设经批准占用耕地的，按照"占多少，垦多少"的原则，由占用耕地的单位负责开垦与所占用耕地的数量和质量相当的耕地；没有条件开垦或者开垦的耕地不符合要求的，应当按照省、自治区、直辖市的规定缴纳耕地开垦费，专款用于开垦新的耕地。"[2]正是在这个制度前提之下，2005年国土资源部出台了"城乡建设用地增减挂钩制度"。[3]这项制度设计的主要含义就是：农村的非农建设用地，主要是农民的宅基地和乡镇企业建设用地，如果进行复垦，就可以与城镇建设用地使用指标挂钩，从而保证国家整个的耕地面积不减少，实现严格的耕地保护目标。正是因为有这个增减挂钩政策，所谓的成都统筹城乡实验才可能获得主流经济学家的高度肯定，并在全国产生强烈反响。但是城乡建设用地增减挂钩制度本身的目的是为了进行最严格的耕地保护，之所以能够使得不少城市积极去购买远郊农村的建设用地指标，本身依赖于全国的土地用途管制制度，所以这项城乡建设用地增减挂钩制度本身存在只能在部分比较发达的城市才有操作的空间，不可能向全国

---

〔1〕 参见《中华人民共和国土地管理法》（1998年）。

〔2〕 参见《中华人民共和国土地管理法》（1998）。

〔3〕 参见2004年《国务院关于深化改革严格土地管理的决定》（国发28号）和《关于规范城镇建设用地增加和农村建设用地建设相挂钩试点工作的意见》（国土资法［2005］207号）。

推广。正是因为成都经济发展快，城市土地价格高，而且土地建设用地指标受到中央政府的管制，才存在向偏远农村购买建设用地指标的需求。而购买这些建设用地指标的成本至少是十余万一亩。如果地方政府没有财政力量支撑，则没有动力去购买这些建设用地指标。只有那些经济发展快速、土地市场火爆的地方政府才有足够的财力和激励去购买农村建设用地指标。从根本上讲，成都土改的政策前提是中央政府的土地用途管制。

4. 土地用途管制制度

中国农村土地制度的核心是用途管制。《中华人民共和国土地管理法》第 4 条规定："国家实行土地用途管制制度。国家编制土地利用总体规划，规定土地用途，将土地分为农用地、建设用地和未利用地。严格限制农用地转为建设用地，控制建设用地总量，对耕地实行特殊保护。"〔1〕首先是严格保护耕地，前面已经探讨；其次，农村建设用地与城市建设用地严格分开，不得随意变更。农村建设用地不得直接入市。〔2〕由政府垄断一级市场，所有城市建设用地必须从政府手中进行买卖，这是中国特色土地制度的核心内容。《中华人民共和国土地管理法》第 43 条规定："任何单位和个人进行建设，需要使用土地的，必须依法申请使用国有土地；但是，兴办乡镇企业和村民建设住宅经依法批准使用本集体经济组织农民集体所有的土地的，或者乡（镇）村公共设施和公益事业建设经依法批准使用农民集体所有的土地的除外。"第 44 条规定："建设占用土地，涉及农用

〔1〕 参见《中华人民共和国土地管理法》（2004 年）。

〔2〕 目前的唯一的政策缺口是针对农村经营性建设用地的直接入市试点。但目前来看，这些试点进展并不顺利。因为农村建设用地在之前之所以受到青睐，原因在于政府的政策管制。一旦政策放宽，大量的农村建设用地入市，反而会供大于求，遭到冷遇。参见李国："成都多方向探索农村土改集体建设用地入市进程暂阻"，载《21 世纪经济报道》2016 年 3 月 24 日。

地转为建设用地的，应当办理农用地转用审批手续。”[1]这意味着除了乡镇企业用地外，所有建设用地只能使用国有土地，农用地必须经过审批转换为城市建设用地才能作为城市建设用地进入市场。这实际意味着农村集体土地处于政府的严格管制之中，并不能直接在土地市场中进行流通。深究下去，中国的农村土地宪制并未把农村集体土地视为自由市场经济中的商品，而是受到宪法法律严格管制的生产资料。正是中国的农村土地属于集体所有，并非农民私人所有，才可能实施这种土地用途管制。土地的用途管制即人为制造的城市建设用地稀缺，经济学常识告诉我们，稀缺会造成商品的价格高涨，所以土地价格高涨本质上是政府管制的产物。土地财政正是土地用途管制前提下的产物，通过土地用途管制使得土地使用权稀缺，并以此为抵押，向银行融资，获得资本后进行城镇化建设，房地产商获得了盈利。而政府通过一级土地市场低价向农民征收土地，在二级市场上高价卖给土地开发商，获得的土地级差收益，正好可以用来进行城市基础设施建设。

总之，以上土地集体所有家庭联产承包、土地强制征收制度、耕地严格保护制度、土地用途管制制度四个方面的内容共同构成了当代中国土地的宪制安排。这样一种精巧的制度设计，极其富有中国特色，是中国共产党带领中国人民群众在新中国成立后六十余年的时间才探索出来。这项伟大的制度安排，是人民群众不断实践、探索的产物，更是中国共产党人不断总结人民群众经验并加以总结、精心设计的产物。在中国现代化建设中，已经发挥了十分重要的作用，至少在中国的城市化建设完成之前，不能放弃。

---

〔1〕 参见《中华人民共和国土地管理法》（2004年）。

四、中国农村土地宪制是中国城市化的基石

中国农村土地宪制在过去的三十多年里，不仅让中国在高度贫困的基础上取得了令全世界惊叹的城镇化建设，基础设施大踏步发展，实行了弯道超车，而且没有形成发达国家普遍存在的贫民窟。

（一）当代中国农村土地宪制推动了中国城市化

中国的城市化伴随着市场经济的发展不断推开。而城市化的前提就是不断增加的城市建设用地和基础设施建设。中国的城市化建设之所以能够快速推进，一个重要原因就是基于当前的中国农村土地宪制安排。按照中国的宪法和法律，集体所有农地变成非农建设用地，需经由国家征收，将集体所有变为国家所有，农地转变为非农建设用地所形成的土地增值收益归国家所有，主要由地方政府掌握，形成了中国特色的土地财政制度。〔1〕急剧膨胀的“土地财政”帮助政府以前所未有的速度积累起原始资本。城市基础设施不仅逐步还清欠账，甚至还有部分超前（高铁、机场、行政中心）……高速增长只能用惊叹来描述。〔2〕即便是批评土地财政的主流经济学家〔3〕，也都承认土地财政对于中国的城市化建设起到了不可磨灭的贡献。实际上土地财政弥补了分税制之后地方财政进行经济发展和基础设

---

〔1〕 参见贺雪峰：《地权的逻辑：地权变革的真相与谬误》，东方出版社2013年版，第29页。

〔2〕 赵燕青：“土地财政：历史、逻辑和抉择”，载《城市发展研究》2014年第1期。

〔3〕 在主流的学术研究中，对土地财政几乎不约而同地持批评态度。参见周飞舟：“大兴土木：土地财政与地方政府行为”，载《经济社会体制比较》2010年第3期；邓子基：“关于土地财政的几个问题”，载《学术评论》2012年第1期；陈国富、卿志琼：“财政幻觉下的中国土地财政——一个法经济学视角”，载《南开学报（哲学社会科学版）》2009年第1期；等等。

施建设的财政缺口，在这一点上是无法被替代的。即便马上开展房地产税，短期内根本无法替代土地财政所能起到的巨大作用。这几年，土地财政被舆论和主流经济学家批评的十分厉害，导致包括政府和老百姓在内都把高房价等社会问题归结在土地财政。从重庆、上海试点房产税来看，地方政府获得的收入十分有限，根本不能弥补土地财政在地方财政收入中扮演的功能。随着营业税改增值税的完成，地方的财政收入进一步被收紧，所以地方的基础设施建设以及地方公益事业建设都面临十分巨大的压力。

（二）当代中国农村土地宪制普遍提高了中国农民的生活水平

中央政府连续14年的一号文件都聚焦三农问题，中国农村和农民阶层的生活水平和环境在过去几十年都取得了高速发展。主流的经济学家（包括法学家）用少数城郊农民的思维代替了整个农民的思维，从而使得主流学术界对于中国农民和中国农村整个问题的判断出现了与事实几乎背道而驰的境地。其实只要从简单的直接观察和对各地农村进行观察，就可以发现农民阶层对于这些年中国共产党的执政和政府的政策是比较满意的，而且绝大多数农民阶层的生活水平（包括精神面貌）都大踏步前进。但是为什么学术界还会认为过去三十多年农民是被“土地财政”剥削的一代呢？一个关键的原因是农民已经出现了分层，且呈现出了复杂的趋势。沿海地区的农民、城市郊区的农民和偏远地区的农民是一种分化，而一个地区内部的农民也分化为在外打工的农民和留守的农民以及子女读书上学的农民等。“在农业税取消之后，农民至少可以分为：脱离土地的农民阶层、半工半农阶层、在乡兼业农民阶层、普通农业经营者阶层、农村贫弱阶层。”[1]不同阶层的农民对土地收入依赖程度、对土

〔1〕贺雪峰：“取消农业税后农村的阶层及其分析”，载《社会科学》2011年第3期。

地流转的态度、对待乡村秩序的态度也不尽相同。毛泽东同志对中国国情的基本论断仍未改变:“中国是一个政治经济发展极不平衡的大国。”[1]

相比过去,各个农民阶层的生活水平(包括精神面貌)都取得了巨大进步。但是由于主流学术界(包括媒体)没有进行深入调研,将一些城郊农民与政府之间博弈的情节进行不断扩大,将本来处于强势地位的城郊农民演绎为弱势群体,使得本来是城市化巨大受益者的城郊农民似乎成了整个农民阶层的代言人。因为相比土地的极差收益(进入土地财政部分)而言,城郊农民永远会感到自己被剥夺,觉得自己是受害者。相反,那些真正生活在社会底层的农民,人生态度反而积极很多,他们感到自己的生活水平相比从前提高了很多。另外一个重要原因就是他们在家乡还有一块土地可以随时返乡。[2]所以绝大多数农村的绝大多数农民与城郊农民是处于完全不同的境地的。因为农业税被免除,加上近年来各种农业补贴的发放,多数农民进行代际分工(青年农民外地打工、老人妇女留守土地),农村的生活普遍得到了提高。媒体上对于留守老人和留守儿童的报道不能说不存在,但在很多情况下带有夸大和博人眼球的色彩。因为这种代际分工不仅是农民可以保留土地所得,而且可以从城市获得新的较高收入,同时在遇到经济危机时则可以回到家乡休假。这也是中国在面临 2008 年国际金融危机时,整个社会并未出现的大的动荡的一个重要原因,也是中国没有出现西方发达国家在城市化过程中出现的贫民窟的一个重要原因。

---

[1] 毛泽东:“中国的红色政权为什么能够存在”,载《毛泽东选集》(第1卷),人民出版社 1991 年版。

[2] 参见王磊光:“一个博士生的返乡日记:迷惘的乡村”,载 http://news.163.com/15/0226/09/AJCB7CMU00014JB6_ all.html#p1,最后访问日期:2016 年 10 月 8 日。

所以不能用城市人眼中的农村来代替农民自己的感觉，也不能用城郊农民的感觉代替整个中国农村和农民的感受。城市化的发展是一个必然的趋势，农村的相对破败是一个客观现实，但也不要把农村视为城市人寄托乡愁的地方，农村和农村整体上已经取得了很大进步，尽管还需要进一步完善。事实上，近十年以来，城乡二元差距在缩小，不能单纯看统计数据，因为相比城市而言，农村和农民的收入更加难以统计。但在社会保障、就业机会等方面，中国的进步是十分明显的。在很多大城市里，至少在入幼儿园方面，农民工子女一点也不比市民子女困难，甚至更加方便。

基于以上分析，我们初步可以得出一个结论：尽管存在着腐败寻租、地方政府自由掌控收入等种种弊端，但中国农村土地制度激励了地方政府、企业和个人的积极性，某种程度上弥补了中央财政权力上收之后地方财政的缺口，从而缓解了中央与地方的关系〔1〕，从而推动了中国的城镇化建设，提升了多数城市市民和城郊农民的整体福利水平，也为中央财政解决中西部问题、三农问题等提供了前提条件。在这个意义上，农村土地宪制构成了中国当代宪制的重要组成部分，是当代中国特色社会主义建设实践中自我选择出来的道路。

五、中国农村土地制度完善之思路

（一）维持现有土地宪制格局基本不变

农村土地并非是单纯的经济要素，而是兼任了农民的退路（相当于社会保障）。对于华南地区农民而言，农民不只重视从

---

〔1〕这一点在实证上也为许多经济学家数据所证实。参见周飞舟：“分税制十年：制度及其影响”，载《中国社会科学》2006 年第 6 期；孙秀林、周飞舟：“土地财政与分税制：一个实证解释”，载《中国社会科学》2013 年第 4 期。

土地上谋生，而且注重通过土地上的血缘关系，以及土地上的祖先崇拜和传宗接代来实现个人价值。[1]华北农村也表现出了类似又略微不同的村庄竞争。简而言之，对于农村和农民来说，不仅仅是一个简单的利益问题。如果通过强制的行政手段，强迫农民上楼，不仅会让政府承担巨大的经济成本，而且要让农民自己承担巨大的生活和观念上的成本。[2]相反，如果保持目前的土地制度，通过市场经济的发展和城市化的不断推进，农民会根据其家庭的发展和自身情况，选择合适的时机退出农村，选择到城市生活。这个中间很可能有反复。因为农民可能会发现进城后无法适应，很可能又回到农村，再过些时间之后又进城。这个过程可能是十分漫长的，但是如果把这个时机的把握和选择留给农民自身，那么这个城市化的社会成本就会很低。这样一来，政府不需要动用巨大的财政成本来为突然增加的城市市民提供包括医疗、教育、就业、住房等全方位的社会保障，农民依靠自己家庭和土地就提供了这种保障。而且除此之外，选择本身也是一种自由和权利。事实上，改革开放三十多年的过程已经说明，城市生活的美好会让农民阶层自发地向城市集中。政府急于想通过改革农村土地制度来推进城市化，事实上无法取得预期的效果。首先，改革农村土地制度很难让绝大多数的农民提高财产性收入。笔者老家是湖北西部农民，很多亲属都在农村拥有农用地，但长期以来很多土地一直处于荒的状态，也无法进行流转。事实上，即便在现行土地制度之下，能

〔1〕 参见贺雪峰：《地权的逻辑：地权变革的真相与谬误》，东方出版社 2013 年版，第 25 页。

〔2〕 对于农村和农民而言，生活是相对稳定和静态的，所以生活方式的改变本身就是一种巨大的不适应和成本。

够流转的土地也早就在流转了。[1]即便改革现行农村土地制度，绝大多数农村的土地仍然无法流转，因为城市化所需要的建设用地，尽管总量很大[2]，但是相对全国农村的农地而言，仍然是一个小数。一方面，农村拥有家乡的土地作为社会保障，同时通过代际分工，让年轻人到城市打工获得农业外收入，老人和妇女在家保持农地收入，这样全家就可以过上在当地还不错的生活。即便城市出现了经济危机，年轻人丧失了工作，也可以回到家乡进行休整，休息数月，等经济复苏之后再回到城市工作。目前的土地制度事实上扮演了一个城市化过程中的蓄水池和润滑剂的功能。

（二）稳定有序推进城乡一体化

2013年中央城镇化工作会议指出："在我们这样一个拥有13亿人口的发展中大国实现城镇化，在人类发展史上没有先例。城镇化目标正确、方向对头，走出一条新路，将有利于释放内需巨大潜力，有利于提高劳动生产率，有利于破解城乡二元结构，有利于促进社会公平和共同富裕，而且世界经济和生态环境也将从中受益。"[3]中央城镇化工作会议的精神是对路的，但是会议也同时指出在中国搞城镇化必须发挥市场在资源配置中的决定性作用。而地方政府在推进城镇化建设时，往往简单地

[1] 大量的种植大户进行土地流转早就在进行之中，并不需要土地制度的改变。目前的农村土地制度并不影响土地的流转。

[2] 按照目前的土地建设指标，每年新增城市建设用地600万亩计算，按20年计算，才1.2亿亩。光农民宅基地都有2亿余亩，加上乡镇企业建设用地，则更多。而且这些土地建设用地是分年度随着经济建设和城市化建设需要而逐步被投入的。相比这些需求而言，农村土地如果全部放开，仍然只有城郊小部分土地有被征收的可能。

[3] 参见夏晓伦、陈健："中央城镇化工作会议在北京举行 提出六大任务"，载http://finance.people.com.cn/n/2013/1214/c1004-23841511.html，最后访问日期：2016年10月9日。

理解为对土地进行整理、将农村的集体土地征收、把农民赶上楼、扩大城区面积等等。简单地提高城区面积，过多地依赖行政手段进行城镇化建设，将使得形式上的户籍城镇人口比重不断增加，但并不符合中央城镇化会议中关于人的城镇化的精神。而且相比较而言，采用行政手段推进的城镇化，成本过于高昂，尤其是对被拆迁农民的社会保障和高额补偿费最终会被转移到土地价格中来，由在城市中购房的市民来负担。当这种房价越来越高时，则会反过来阻碍城市化的发展。这也是为什么像深圳这样的城市，由于城中村改造的费用太过于高昂，使得城市的房价越来越高，导致真正进行创新的企业和人才逐步离开深圳的原因。所以，片面强调赋予农民财产权权利，可能会产生意想不到的后果，而享受到农民财产权利的农民仅仅是占整个农民阶层很小部分的城市郊区农民。

首先，城镇化建设要在全国一盘棋的前提下，在不同的区域实行相对灵活的政策。对于横向的政府合作，应该修改《地方政府组织法》，予以法律上的表达。比如在长三角地区、珠三角地区、京津冀地区、东北地区、华中地区、西部地区，赋予地区政府一定的灵活政策的权力。对于区域合作，可以进行大胆探索，目前在很多问题上，不仅是在城市化、生态治理上，扶贫开发等都需要跨越省级区域的合作。要根据文化传统、地域特点予以统筹考虑。

其次，对于城乡一体化要循序渐进，在相当长时间内，对于城市土地和农村土地仍然要区别对待。重大改革要于法有据，实质含义就是没有充足的把握和利益（改革收益要远大于改革成本），不要试图推翻现有的制度安排。涉及土地制度这样的基本宪制安排，更是要慎之又慎。在尊重现行的土地制度安排前提下，至少未来二三十年内，城乡二元格局是一个客观现实，不能试图用一种制度来解决两种格局的问题。凡事预则立，不预则废。

（三）通过农村集中规划来建设社会主义新农村

主流经济学家和法学家的一个典型误区就是从专业角度单纯理解农民和土地问题。经济学家把土地当成一种单纯的经济生产要素，而法学家则把土地视为是一种权利的客体。但是对于有着长期农业文明传统的中国而言，土地是一种生存方式，也是一种社会保障。尤其是现今中国有着 9 亿农民。在这一点上，包括美国在内所有的大国都不能为我们提供现成的经验。对于农村而言，首先是稳定其次才是发展，不能拔苗助长。改革开放初期，为什么经济发展迅速？为什么大家下海创业？一个主要原因就是东南沿海经济搞得好。体制外的经济发展得好，体制内[1]的人自然就会跳出来进行创新。通过行政的手段改变土地制度，很可能适得其反。

首先，对于占中国大多数人口的农民而言，发展一些小城镇，或者在离农村农地不太远的地方进行集中居住规划，给予一些补贴，让农民既能方便农业耕作，保障其农业所得，同时又可以通过财政投入加强这些集中居住地的基础设施建设、改善交通、加强公共服务（包括医疗站、学校）等等。当然，对于中西部地区的农村和农民，主要是对于山区高原的农民来说，这可能是一条比较可行的道路。东部地区的农村本身就与城市无太大区别，而东北地区和华北、华南地区的农村可能就要根据相应的情形制定不同的规划。

其次，要针对农村干部精英流失的状况，培育那些土生土

〔1〕 这里的体制不仅是指狭义的财政供养人员，而是指广义的旧的体制。包括农民体制也是一种体制。只要城市里的生活更有利于他们，农民自然就会进城。市场经济发展得好，干部的腐败空间压缩，他们自然就会出来寻找出路。

长又主要生活在农村的农民精英，让他们成为农村社会治理的中流砥柱。有了这些中坚农民，农村的土地才有稳固的维护者。鼓励大学生村官扎根农村，同时更要依靠收入主要来自于农村的中青年农村。

最后，要加强农村文化精神传承。如鼓励老年人文化宣传队；对于少数民族特有习俗和文化传承人，给予一定的财政补贴，使这些文化传统能够维持下来，让农村不至于成为精神荒漠。早些年，农村的电影工作队其实是一个非常好的制度安排。社会主义新农村并不简单是盖房子、买汽车，精神和文化内涵同样重要。

结　论

农民的城市化要立足于稳定现行土地制度，长期摸索。从目前中央的精神和地方的实践来看，可以从三方面来稳步推进：首先是在农村的相对集中居住区，通过财政投入改善基础设施（包括交通、医疗、教育）等；其次是在农民和城市之间的交接地带大力发展小城镇。这个问题实际上已经在进行之中；[1]最后是对于大中城市而言，政府所做的应该是进一步完善城市基础设施，提高公共服务水平，放开市场准入，进而对周边中小城市和农村地区产生辐射作用。需要再次重申的是，主流经济学家和法学家只是单纯从专业视角看到了农村和农民问题是危险的，单纯从效率和产权视角看到了土地制度也是轻率的。回想一下，美国的土地制度也并非从来就是私有的，想想美国人

〔1〕参见国家发展改革委等11部门《关于开展国家新型城镇化综合试点工作的通知》（发改规划［2014］1229号）。

是如何夺取印第安人的土地并实现整个美国的快速发展的。〔1〕要警惕将农村土地制度私有化的倾向，至少在中国城镇化的加快阶段是不理性的。成都的经验恰恰证明了当前城镇化正是依赖于土地财政，而土地财政的前提就是当地中国农村土地的宪制安排。所以，成都的经验可以在经济发达和财政实力强大的大中城市推广，却很难想其能在占中国绝大多数的中国中西部农村和农民推广。维持现行农村土地制度，先在农村附近的平坦地带让农民逐步集中居住，再稳步向小城镇和大中城市发展，同时在相当长时间内保留农民的土地，给农民自由选择权，稳步推进中国城镇化，在一个比较长的时间内（至少到2035年）逐步实现中国的城镇化，这就是本书的结论。

〔1〕参见朱苏力："不止步于先前对中国法治的想象，不试图以西方法治理论航标今日中国"，载《探索与争鸣》2016年第10期。

第十二章

文件治国的历史观察：1982~2017年

一、问题的提出

政策与法律并行，是当前中国政治生活实践中的现实问题。在党中央提出依法治国[1]之前，这并不成为一个问题，因为中国共产党一直奉行政策治国，其具体的形式又表现为会议、文件、批示治国。党的创始人毛泽东同志曾说："宪法是我制定的，但是我都记不住。我们还是靠讲话，开会来解决问题。他而且自称是和尚打伞无法无天。"[2]在中国共产党党内政治生活中，围绕文件的起草、宣读等一整套政治流程都是具有极其重要的象征意义的。文件的起草被视为是重要的权力象征，在党代会上作政治报告是体现政治权力的重要标志。毛泽东在中共七大作《论联合政府》的政治报告是其成为中国共产党的领袖的重要标志。王明在1937年回国后在六届六中全会之前就试图争取在政治局会议上作政治报告的权利，但是失败了。[3]通过开会讲话的方式以及、文件记录和传达的方式来实现党和政府

〔1〕 1997年中共十五大首次提出"依法治国"。

〔2〕 1970年12月10日毛泽东会见美国记者斯诺时的谈话。

〔3〕 参见中央一套《延安颂》中相关情节。宋业明导演，唐国强等主演，2003年上映。

的高效运转成了中国共产党成功的一条重要经验。在革命时期的政党政治中，会议和文件都是重要的运转工具。不仅共产党如此，国民党也是如此。[1]随着 1997 年十五大中央首次提出“依法治国”，2014 年十八届四中全会提出“全面推进依法治国”，如何处理现实国情下的文件治国与依法治国的关系，成了摆在各级机关和干部眼前的一个重大问题。是否应该抛弃文件治国？抑或并驾齐驱？如果继续保留“文件治国”，又该如何加以约束或完善？文章试图从历史的视野对“文件治国”的渊源和合理性予以分析，在此基础上再判断采取如何的策略。

二、文件治国的历史观察：1982~2017 年

中国共产党历史上最早的正式文件是 1942 年延安时期的《整风文献》[2]。鉴于改革开放之前的文件资料难以搜集，所以本书试图以改革开放的时间段来考察文件治国这一政治现象。在整个中国的文件治国之中，最有影响力的可能要属每年发布的“中央一号文件”。而自 1982 年开始连续 5 年[3]，中央一号文件开始集中关注三农问题。自 2004 起到 2017 年，连续 14 年中央一号文件同样关注三农问题。中央一号文件成了中央关注三农问题的特有代名词。从“中央一号文件”本身的含义来看，是指每年中共中央发布的第一号文件。由于每年的第一号文件显示了中央最关注的问题以及最急迫解决的问题，因而成了中央政策的风向标。正因为自 1982 年起有 19 年的中央一号文件是

---

〔1〕 比如蒋介石十分喜欢通过手令的方式越级向下属传达其指令，使得自己的意图能够超越科层制，直接到达各个层级。

〔2〕 参见毛予菲：“红头文件中的治国密码”，载《环球人物》2014 年第 22 期。

〔3〕 从 1982~1986 年，连续 5 年中央 1 号文件集中关注农业、农村和农民问题。

关注三农问题，所以可以推测三农问题是当前中央最关注的经济社会发展问题。而且从每年的中央一号文件中我们可以看到最新的中央的具体政策表达和政策信号。比如1982年的中央一号文件就肯定了“包产到户”，1983年的中央一号文件肯定了“家庭联产承包责任制”，1984年的中央一号文件强调要继续稳定“家庭联产承包责任制，承包期至少要15年以上”。2006年的中央一号文件则首次提出“建设社会主义新农村”命题。〔1〕中央一号文件通常表明中共中央当前最关注的，也是经济社会发展中最紧迫的问题。客观地分析，中央一号文件与其所关注的经济社会问题的解决也有着十分强烈的正相关关系。比如在1982~1986年间，中共的农村发展也是较快的时期，这5年的中央一号文件在明确政策推动农村改革方面起到了非常重大的作用。典型的是“家庭联产承包责任制”改革问题，这项以“大包干”为起点的农村改革，起始于1979年凤阳农村改革。这项改革在1982年的中央一号文件中获得了背书，从而在全国进行了一场解决生产力的改革，这些改革所改变的农村土地制度实质上是一项重大经济制度，但是其最终在法律上得到承认还要等到1993年《宪法（修正案）》的颁布。今天，历史已经过去了三十多年，可以想象如果没有1982年的中央一号文件，对于这样一项涉及宪制的基本经济制度，完全按照法治的路径，那么全中国农民的吃饭问题就无法解决，农村的生产力就无法得到释放。可以说，在20世纪80年代，中国的老百姓对于政策与法律的区分还是模糊的，在其潜意识中中央文件就具有最高的合法性。〔2〕即便到了改革开放接近四十年之后的今天，从事实和

〔1〕 参见1982年、1983年、1984年、2006年中共中央1号文件。

〔2〕 其实即便到了今天，很多上访的老百姓仍然是手持红头文件进行上访。在他们意识中，红头文件具有与法律相同的合法性，甚至更高的合法性。

社会学视角来看，文件的权威和合法性事实上要高于法律法规。〔1〕

另一个典型案例就是 2012 年中共中央政治局出台的“关于改进工作作风、密切联系群众的八项规定”。用习总书记的话说，“八项规定”就是中国共产党人的“徒木立信”。“八项规定”实施以来，全党的风气为之一变，不敢腐的态势已经形成。客观地讲，一个中央文件的落实能够产生这样的效果，其作用超过了严厉的刑法和那么多的监督制度，这就是摆在眼前的文件治国的成功案例。从“八项规定”的文件治国经验来看，短期内文件治国还难以被废止。

除此之外，正在进行中的文件治国的案例就是“两学一做”。其中学习“党章党规”“习总讲话”就是对不同文件的学习和研究。实际上，在党的历史上，通过组织生活学习文件是一种神圣的工作。〔2〕不能简单地将习近平总书记讲话视为个人的思想，一旦将其整理为文件形式，便会体现为党的指导思想。〔3〕尤其是十八届六中全会通过的《新形势下党内政治生活准则》和《中国共产党党内监督条例》，更是字字珠玑，没有一个字是废话。党性教育是共产党人的心学，〔4〕而党性教育正是通过对这些核心的中央文件的学习来实现。

---

〔1〕 民间顺口溜：“宪法不如法律，法律不如法规，法规不如红头文件，文件不如领导批示，批示不如领导电话”就是社会学意义上的规范效力的生活描述。

〔2〕 一些知识分子和干部将“两学一做”“群众路线教育”视为左的一套，这是不符合事实的。因为这些活动都是针对党员干部而言的，如果你不是党员干部，并无此等要求。

〔3〕 一些知识分子和干部将学习“习近平总书记讲话精神”视为个人崇拜，也不符合实际。习总书记在正式会议上的讲话，并非个人灵机一动，而是体现党的意志和思想，尤其是以文件形式印发后传达到全党学习时，就更非个人思想的临时表达，而是体现党中央对当代重大问题的思考和工作的决策部署。

〔4〕 参见《十八届中纪委第六次会议公报》。

三、“文件治国”的内在逻辑

在中国共产党建立新中国之前，文件的作用还体现为“文件治党”。文件，尤其是中央文件代表了中央的意志，是权力的象征，通过文件的逐级传达来实现党的政治组织。文件的机密程度决定了文件传达的范围。因此，知晓党内文件的层级体现了党员在组织内的地位和认同感。[1]这种现象除了保密的需要外，也是一种党内权力的象征，比如一些内参还会在一定范围的党员干部内传阅。[2]

到了1949年之后，“文件治党”逐步扩展为“文件治国”。随着中国共产党掌握了政权，党的核心工作转变为治国。出于路径依赖，文件治国也成了中国共产党的常态。比如1977年2月7日人民日报《学好文件抓住纲》[3]就是典型的通过文件方式向全国传达中央最新精神，布置工作的案例。毛泽东在1956年4月25日中央政治局会议上的口头讲话《论十大关系》，就成了指导中国社会主义建设的重要指导思想。

（一）文件治国的高效

法律法规的起草出台是一个非常缓慢的过程，而且法律法规的最大特点是程序化，需要经过很多正式程序，要在人大进行审议。相比较之下，文件则可以便宜行事。文件的形式可以多样化，像十八届三中全会决定这样的权威文件也要经过长达七个月的起草，也要经历反复征求意见、专题论证、反复调查

〔1〕比如邓小平同志在“文革”后出来工作前，中央首先恢复了其阅读中央文件的权力。根据党内地位的不同，阅读不同层级党内文件是其权力的象征。

〔2〕一些文件会传达到省部级，一些文件则会传达到厅局级，一些文件则会传达到县团级。

〔3〕参见1977年2月7日《人民日报》头版。

研究、反复修改、征求老同志和民主党派意见等程序。[1]而有的文件则可能是某次会议的纪要或者领导人讲话的整理稿。[2]总的来说，尽管也有相应的程序，但是这些的程序要求不是硬性的，可以根据实践需要便宜掌握。对于中国而言，由一个先进性政党来治理国家[3]，实质上仍然是精英治国。中国的首要目标仍然是富国强兵，其余所有的价值都要先服从于此项目标追求，尤其是当中国的民族国家和主权尚未完全确立[4]之时，国家治理尚无法做到事事以法治优先。

在这一点上，文件治国与依法治国的内在逻辑是一致的，即社会效率。通常人们常常认为法律是善良公正的艺术[5]，但自 20 世纪 70 年代以来，越来越多的法律经济学家们发现法治作为一个纠纷解决机制，效率是其追求的最基本价值之一。一个法律规则如果能够得到反复确认，则其往往首先是符合效率原则的，尽管确立这个规则的法官[6]一开始并未以效率原则为目标，但事实往往如此。文件治国的初衷别无二致，不论是一般意义上的文件，还是就某项具体事项作出的批示，都是为了追求效率[7]而作出。

（二）文件治国的组织功能

文件对于中国共产党而言，一直是有效的组织工具。在传

---

〔1〕 参见 2013 年 11 月 14 日习近平同志关于《中共中央关于全面深化改革若干重大问题的决定》的说明。

〔2〕 比如前文提到的毛泽东同志的《论十大关系》。

〔3〕 这实际上意味着在某种程度上，先有党再有国。

〔4〕 台湾尚未实质统一，新疆、西藏、香港独立势力还在兴风作浪，钓鱼岛、南海问题尚未完全解决。这都是民族国家的基本内容，即主权边界问题。

〔5〕 古罗马法学家乌尔比安语。

〔6〕 这里的例子是以判例法国家为例。但即便在大陆成文法国家，如果一项议会通过的法律规则不符合效率原则，则很可能被民众所规避，从而处于悬置的尴尬境地。

〔7〕 当然同时也会考虑公平的价值追求。

统中国社会，上令止于郡县。国民党建立了现代国家的上层建筑，但是对于乡村社会，其建立的保甲制度效果并不理想。中国共产党通过党的建设，通过党团组织把农民组织起来。新中国建立之后，则通过一级一级的党组织来实现从上到下的领导。而党组织的主要工作方式就是会议。会议中的主要内容就是“读文件”。关注中国共产党的正式会议，就会发现大量的讨论都在预备会议、分组讨论和民主生活会上进行。正式会议完全围绕文件来展开，部分人读文件，而多数人听文件。从文件的起草、征求意见到文件宣读和印发是一整套治理流程，通过这一整套流程实现了对党组织的治理。正因如此，对于正在为“两个一百年”目标而奋斗的中国共产党而言，全面从严治党〔1〕的确是最关键一环。在一些学者看来，中国共产党的正式会议仅仅是一个形式，但实际并非如此。会议的主要内容虽然在形式上仅仅是“读文件”和“听文件”，但会议从参会人员、参会地点、人员位置〔2〕等具体的细节都实现了一种组织。文件是讲话的载体，比如每年中央党校都要举办各个层级的干部培训班，对中高级领导干部进行轮训。对于中高级干部而言，学习文件以及其精神是主要内容，但通过不间断的轮训实质上也是一种对中高级干部的组织。

（三）文件治国的文化隐喻

有一个成语形象地描述了中国的这种文件治国和会议治国的社会治理现象——文山会海。文山会海的背后是形式主义和官僚主义的根深蒂固。“八项规定”之后，从上到下的腐败现象

〔1〕 十八届三中、四中、五中、六中四个全会分别解决全面深化改革、全面依法治国、全面小康社会、全面从严治党四个问题。而全面从严治党虽然摆在最后，但实质是其余三个全面实现的基础和关键之所在。

〔2〕 其实从时间、空间、人员上对整个组织实现了一种精密的控制。所以民间顺口溜“国民党的税多，共产党的会多”描述的就是这种情况。

得到了相当遏制，但是一些形式主义的东西却没有得到根本的解决，以会议对付会议[1]的现象在相当程度上仍然存在。与文山会海现象相伴的是领导批示越来越多的现象。笔者在县级挂职担任常委期间，与很多基层干部交流，很多干部都提到当前出现了一种有趣的现象：同样一个事情，省级领导作了批示，接着市委领导又作了批示，到了县里再次进行批示，有时候同一级党委政府还会出现多位领导进行批示。而这些领导批示都需要有人去落实贯彻，而且还需要另外的干部来监督落实。当批示太多的情况下，可能基层干部难免陷入麻木的情形，已经无力去认真研究如何落实，而是疲于应付。

根本的原因还是机构庞杂，政府层级多而且政出多门、多头管理的现象比较严重。不少学者常常喜欢探讨中国的既得利益问题，但这些讨论往往把中国的既得利益视为某些人或者某些家族，最大的既得利益群体实质上是整个官僚集团。这个庞大的官僚集团，成型于宋明，之后就成了中国最大的利益群体。即便是贵为天子，如果与此集团公开对立，也往往处于被动。[2]朱镕基总理当年曾经对这个利益集团做过一次手术，但是仍然没有摆脱黄宗羲定律所描述的“膨胀-精简-再膨胀”的怪圈。所谓官僚主义也会，文山会海也罢，关键是官僚太多。而官僚要证明自己存在的价值，自然就会不断地通过文山会海的形式来证明自身存在的意义。延安时期边区政府为什么廉洁而且高效，一个根本原因就是边区政府采纳了民主人士李鼎铭的建议，实行“精兵简政”，官员好了，都集中精力做事，自然文件治国就不会发展到一个极端的“文山会海”的情形。

---

〔1〕 从中央机关到县乡党政机关均出现了以会议文件应对会议文件、传达应付传达的问题。大量的时间花在文山会海之中。

〔2〕 比如明朝后期的皇帝，常常处于与官僚集团的对立之中。

四、文件治国的异化

文件治国本身有着转型中国社会所不可替代的功能所在，即高效便捷，但是任何一个制度运用久了之后，就会出现一些事先无法预料的情况，甚至会出现完全与初衷相互背离的情形。

（一）文件治国使得政府运转效率降低

文件治国、批示治国、会议治国等方式，其制度初衷是避开繁琐的公共决策程序和法律规则，寻求一种便捷、效率更高的治理方式，使得当事人或某些实践中遇到的问题直接得到解决。但是这种人治的方式受到领导的主观愿望以及信息来源等多方面因素的制约。按照文件治国的本来逻辑，是当实践中出现了某个亟待解决的问题，通过正式程序可能要耗费相当长的时间和制度成本时，通过这种人治的方式来予以校正。但是前提是正式的程序仍然要运转，文件治国（包括批示治国）仅仅能解决一些正式程序所无法解决的问题。但是现实情况是，当有人发现可以通过这种方式来解决问题时，所有人都不再遵循正常程序来解决，都寻求通过文件、批示来解决。长此以往，会使正式制度变得形同虚设，进而使政府运转效率反而降低。这是文件治国这一制度设计者们所未曾预料的。在革命时期，可以依靠这种方式作为主流的治理方式，但是当社会进入到和平发展时期，尽管仍然是社会快速发展时期，就不能依靠文件治国作为一种主要的治理方式，而是作为一种正常程序的补充程序。

现实的逻辑则是恰恰相反。一个典型的制度就是内参制度设计。本来设计内参是为了便于中央领导们能掌握更多的情况，便于决策更加客观科学。但是当内参成为一种常态化的制度之后，写内参、看内参便成了一个工作流程。有的人为写内参而写内参，有的人通过内参来宣传自己的政绩。本来应该是自下而上的，但现实则往往成了自上而下的。信访制度是另外一个典型案例，本来信访制度是为了解决法律程序所不能吸纳的少量社会问题而被设计出来的，但当大家都发现有这个制度时，则依附于这个制度并形成了一条完整的产业链。有人成了信访专业户，有人在信访产业链中进行寻租牟利，成了一个相当规模的利益群体。

（二）文件治国冲击了正式制度

在中国社会从农业文明向商业文明急剧转型时期，文件治国作为中国共产党在革命时期积累起来的一种治国手段仍然有其存在的土壤，但是过度使用则可能会冲击正式制度和中央正在力推的全面依法治国。文件治国、批示治国作为一种短平快的技术性手段，制度实施之初确实存在效率高、时效快等优点，但当所有人都把问题的解决依赖于领导人批示和一事一议的解决方式时，纸面上的法律法规等制度便可能被完全架空，成为一纸空文。此时，文件治国则可能导致整个社会进入到一个“潜规则社会”，即所有人都变成了知行不合一者。所有人都试图寻找到针对自己的特殊通道。[1]此时，对于有关系、有资源的人而言，效率的确很高，但对于绝大多数人的而言，整个社会的效率却大大降低了。效率降低还是其次，最大的问题是导致正式成文的法律规则形同虚设，让依法治国变成了遥不可及。

在过去十年，维稳一度成为政府的执政思路。维稳的内在逻辑和文件治国的内在逻辑如出一辙。稳定与否，本身是社会自然发展的结果，但当“维稳”成了一项工作时，“维稳”本身以及异化了。围绕“维稳”成了一条自上而下的产业链，这条

〔1〕即国人常常碰到的问题：一个依照正式规则就可以办理的事项都要托人托关系，否则会遭到刁难。

产业链上负载了太多的利益群体。钉子户现象的出现，“维稳沙皇”的出现，实质上都在这条产业链条上。在这条产业链上，钉子户、基层县乡政府、北京基层派出所、信访局、黑社会、维稳办等角色一起构成了一个巨大分利集团。周永康集团通过不断强化“维稳”的重要性，不断扩大自身权力，将自身打造成了一个包括财政、司法、警察的全方位的准独立系统，这是一种高级的“形而上学”，“小事不出村、大事不出镇、难事不出县、矛盾不上交”的口号就是这种维稳逻辑的典型反映。以“不出事”为目标的政绩观反映了这种人治思路无法应对日益复杂的经济社会发展的客观国情，即正式的法律政策被虚置，正式的司法制度无法解决相当一部分当事人的利益纠纷。

五、文件治国的未来路径

首先，可以预见，在相当长的时间内，文件治国与信访现象〔1〕都将同时并存，这种人治的治国逻辑与当下中央力推的“全面依法治国”将并立而存在。这是由中国当下急剧的社会转型背景决定的。经济社会的发展不会以先进精英分子的意志为转移，比如中国的城镇化建设不可能一蹴而就，中国高达6个亿〔2〕的农村人口在短期内不可能完全转化为城镇人口。这也意味着在至少未来二十年内，至少有5亿左右的农村人口还要生活在农村。基于这个判断，在农业文明基础上的文件治国现象和清官情节都难以在这段时间内彻底消失。正是在这个判断基础之下，中央才会自2004年以来连续14个中央一号文件都瞄准

〔1〕 文件治国、信访、维稳、钉子户、清官等现象的内在逻辑是一致的，即自上而下的人治思路。

〔2〕 这还只是依据户籍人口来统计。如果把那些土地换户籍的人口计算在内，农业人口则还要高于此数。

三农问题。社会主义新农村建设、精准扶贫、乡村振兴战略等工作实质上都是这个判断的后续展开。在社会治理层面，虽然十八届四中全会中央已经作出了“全面推进依法治国”的战略部署，但是仍然要冷静地看到人治与法治并存的现象仍将长期存在，这也意味着文件治国与依法治国并存的现象仍将长期存在。

其次，在文件治国与依法治国的关系上，要认清依法治国将成为社会的主要治国方略。尽管人治与法治仍将长期存在，但是要从上到下[1]都从主观上认清，随着市场经济的进一步发展，依法治国不仅能够最大效率和公平地形成较好的社会治理，而且客观上法治具备了成为社会纠纷主要解决渠道的条件。法治可能对于某个具体的人而言，造成了一定的成本，但是对于整个社会的绝大多数人而言，社会成本会大大降低，从而提高了整个社会的福利水平。因而，依法治国在本质上不仅是公平的，也是符合效率的。因而不论是从公平的视角，还是从效率的视角，依法治国都应该成为社会纠纷解决的主渠道。

再次，文件治国要摆脱人治，向德治转换。德治与人治存在交叉，但是德治仍然是规则之治。十八届四中全会决定明确指出要将依法治国和以德治国相结合，其含义就是要在确立依法治国的主要治国方略的同时，以德治来作为补充。所谓以德治国，即要指出依法治国中出现的一些不足，并酌情予以校正。比如依法治国对于整个社会而言，是富有效率的，但是对于某个具体的个人而言则可能是低效率、高成本的。如果这个个人是社会中的弱势群体，那么就可以由党和政府为其开辟一个通道。法治更多的是体现一种形式公平和定纷止争，所以通过适

〔1〕 即习近平同志所讲的抓住“领导干部”这个“关键少数”，以上率下，形成合力。参见习近平同志在 2017 年主要省部级领导干部贯彻学习十八届六中全会精神研讨班上的讲话。

当的德治（比如文件治国、批示治国、信访等方式）予以适当的补充，则可能取得社会的善治。但问题在于这种德治是补充性的，不能成为社会主要的治理方式。所以对于德治不仅需要前提，而且必须从制度上予以制约。

最后，文件治国要严格限制使用，而且要在宪法与法律框架内进行。换句话说，文件治国是在法治无法覆盖的空白地带，而法律无法在较短时间内予以规范时，才存在的从权而办的特殊情形。社会首选的解决规则应该是寻求法律上的救济。如果能够获得法律上的救济，则不应该寻求文件批示来予以解决。所谓法有限，情无穷。由于我们是成文法国家，而经济社会生活发展十分迅速，常常有法律没有予以明确的事项发生。即便是法律明确规定的事项，也很可能发生法律规定中未予以明确的情形，这才会发生法院经常在办案时向上级法院请示的问题。如果每件事项法律规定得非常详尽，则法官无需向上级请示的问题。但即便如此，文件治国所解决的问题仍需与宪法、与法律的精神相一致。文件治国不仅不能违反宪法与法律，也不能与宪法法律内在精神——一些法律的基本原则〔1〕——相违背。

〔1〕 任何一部法律都会存在一些基本的原则。比如民法上的平等原则、公平原则、诚实信用原则，刑法上的罪刑法定原则，税法上的税收法定原则、量能课税原则。

第十三章

项目治国和政府绩效：从县乡村治理切入

一、问题的提出

学界通常认为，项目治国最早来自于经济领域，尤其是财政支付领域。1994年的分税制通常被认为是项目治国的始作俑者。在财政“大包干”时代，地方政府拥有足够的财权，不存在财政转移支付问题。如周飞舟认为：“分税制改革之后，随着‘两个比重’的提高，各种财政资金开始以‘专项’和‘项目’的方式向下分配，而且这正越来越成为最主要的财政支出手段。”[1] 随着中国财政力量的快速增长，中央纵向财政转移支付总量逐年增加，项目资金和项目制在行政科层化过程中发挥着越来越重要的作用，被认为是中国社会从“总体社会走向技术治理”的重要表现。[2]但另一方面，随着这种项目制的不断发展，大量的研究表明大量的财政专项资金并没有深入到乡镇和农村，反而使县一级政府的财权扩大，乡镇被虚化，产生了很多意想不到的结果。“国家与农民关系变化的一个新特点，即

〔1〕 周飞舟：“财政资金的专项化及其问题兼论‘项目治国’”，载《社会》2012年第1期。

〔2〕 渠敬东、周飞舟、应星：“从总体支配到技术治理——基于中国30年改革经验的社会学分析”，载《中国社会科学》2009年第11期。

乡镇政权的空壳化和县级政府权力的强化，造成了基层政权从‘汲取型’向‘悬浮型’变化的后果。”[1]在项目制下，乡镇政权的状态是：一方面，资源权力继续被上……乡镇政权由“悬浮型政权”走向“协调型政权”。乡镇政权无钱无权，又不得不疲于奔命，制度上的困境导致项目制在基层运作过程中走向了技术治理的反面。[2]主流学术界对于项目治国的研究聚焦于分税制之后的财政转移支付，但实际上今天的项目制已经贯穿于整个中国社会，成了贯穿中国经济、政治、学术等各个领域的普通社会机制。既然这种制度能够长期为各个领域所接受，就有必要对其存在的合理性进行思考，至少这种制度在一些基本功能上可能满足了中国社会的当代需求。在笔者在上海、浙江、河北、湖北等省份的县乡基层政府的调研中，乡镇干部普遍对于财政专项持负面意见，对于招投标等项目治理方式也有颇多怨言。另一个典型案例就是现在中央政府力推的“包县”“包村”扶贫工作。笔者在县乡村调研中，发现乡村干部对于上级机关“包村”普遍持矛盾的心情。一方面希望上级机关带来更多的资金和项目；另一方面这些带来的资金的分配在村内也可能引发村民矛盾。同时也存在包村干部的项目如何落地的问题。[3]总而言之，基层干部对于这种“项目制”是反感的，但另一方面又在积极地争取项目，颇有点“人在江湖，身不由己”的感觉。不论如何，这至少说明项目制对基层干部产生了激励。即便是在学术界，随着国家基金项目的资助力度不断扩大，越来

〔1〕 周飞舟：“从‘汲取型’政权到‘悬浮型’政权：税费改革对于国家和农民关系之影响”，载《社会学研究》2006年第3期。

〔2〕 付伟、焦长权：“‘协调型’政权：项目制运作下的乡镇政府”，载《社会学研究》2015年第2期。

〔3〕 参见张洛鸣：“一个‘包村干部’的非典型农村工作报告”，载 http://mt.sohu.com/20160522/n450813621.shtml，最后访问日期：2016年5月22日。

越多的学者一方面抨击这个制度，另一方面又积极申请。如果从社会学视角来看，我们显然不能仅仅“听其言”，更应该“观其行”。正因以上原因，“项目治国”需要进一步的深入探讨，以便于为正在进行国家治理能力现代化的中国社会提供一些思路。

二、“项目治国”的历史观察

一般认为，“项目治国”源自于1994年分税制改革所主导的财政体制改革。这场财政体制改革直接的历史背景就是之前的财政包干制包死了中央财政，导致了中央权威的降低。到20世纪90年代初，中央已先后三次向地方借款。[1]1994年的分税制将一些比较好的税种集中到中央，使得中央的财权大大加强。但另一方面，事权被进一步下放，绝大多数的事权都集中在县乡村，也就是说，需要花钱的地方又集中在地方政府，所以一个巨额的财政转移支付制度就逐步形成了。通过巨大的财政转移支付，中央政府可以在东中西部进行均衡协调，支援西部大开发和中部崛起，同时也可以实现工业反哺农业的战略意图。多数学者均看到了中央政府集中了财权，而没有注意到集中的这些财权所发挥的巨大功能。进一步说，很多学者看到了项目治国过程中发生的很多弊端，比如项目寻租，“条条”上的权力越来越大。[2]如果进一步分析，很多问题都可以被视为是“项目治国”的具体表现，比如体育界的“举国体制”。为什么中国经济社会在过去二十多年，会产生“项目治国”？

〔1〕 贾康：“深化分税制改革路线图”，载《财经》2010年第24期。

〔2〕 “条条”上的权力越来越大，以发改委和财政部为代表。以前发改委副主任刘铁男为代表的项目寻租腐败被学界公认为当代中国三大腐败形式之一，就是项目治国的弊端的集中体现。

其实，不论是“项目治国”，还是“举国体制”都需要几个前提。首先是中央政府的权威较大，或者至少说有中央集权的传统文化。为什么今天的西方国家，甚至包括发达国家的国家科研经费不断缩水，以至于学术界的压力越来越大?〔1〕其次，国家财政力量比较雄厚。第一个前提，毫无疑问，中国是一个中央集权传统的国家。即便地方分权如“文化大革命”〔2〕，或者80年代实现财政大包干制度，但是中央政府一旦决定改弦更张，中央集权马上就可以将地方的权力上收。第二个因素就是中国的经济连续数十年高速增长，财政收入持续高速增长，也使得“项目治国”具有足够的制度保障。在西方国家，近年来，学术界的日子之所以不好过，与其经济不景气有很大关系。经济不景气会导致中央财政力量窘迫，而企业又不能提供资金支持时，学术界自然也不能独善其身。再加上西方发达国家，多实行联邦分权制度，地方政府的权力很大，这也使得中央政府很难有动力去实施一些大的项目。典型案例就是中国的天宫项目计划。如果没有强大的中央财政项目支持，中国不可能这么快就独立研发出一个完整的国际空间站。〔3〕相反，美国、俄罗斯、欧洲所谓的联合国际空间站使得每个国家都无法拥有完整的国际空间站技术。

再者，项目治国又分为多种具体项目。其中关系国计民生

---

〔1〕 之所以这么说，一个常识就是近年来英美国家的应届博士通常很难直接在高校或科研机构获得教职，而是先要在一个或者多个机构进行博士后的训练，然后等待合适的机会来择业，才获得一个教职。但今天，即便英美的终身教职的教授也普遍感到压力巨大，因为来自财政的经费十分紧张，甚至缩水了。

〔2〕 在毛泽东执政后期，尤其是“文革”时期，毛泽东同志实际上非常强调发挥地方积极性，经常在地方召开全国性的会议。

〔3〕 占豪：“中国的天宫与美欧国际空间站不同在哪里”，载 http://military.china.com/critical3/27/20160919/23583679.html，最后访问日期：2016年9月19日。

的项目，或者需要特别支持的群体，往往由中央政府全部支持，比如航天项目、国家社科基金项目。这些项目，在市场上不会有人愿意出钱来资助，因此只能由中央政府埋单。而有一些体现产业政策的项目，则只能由中央政府出部分资金，由地方政府进行配套。因为这些项目本身是为了地方经济的发展，同时体现中央政府的产业政策支持。所以，不同的项目会体现出中央与地方政府的关系互动，并非所有的项目都需要地方政府来进行配套，而是根据项目本身的性质而定。

项目制的形成，是一定的历史情势和社会条件的产物，……当全社会都具有一种只有通过技术理性才能保证绩效合法性的思维模式的时候，项目治国的理念才能获得精神性的土壤，遍布于社会经济诸领域而畅行无阻。[1]

三、项目治国的合理性分析

（一）“项目治国”符合“两个积极性”的宪制安排

项目治国之所以能够大行其道，一个重要原因在于其能够较好地发挥中央与地方“两个积极性”。而“两个积极性”恰恰是毛泽东同志在 1956 年《论十大关系》中提出的宪制安排。发挥中央与地方两个积极性，本质上仍然是当代中国最重大的问题，就是“要把国内外一切积极因素调动起来，为社会主义事业服务”。[2]这个宪制安排，目前来看还要在相当长的历史时期内保持，[3]如李克强同志在主持召开 2015 年部分省（区、

---

〔1〕 渠敬东：“项目制：一种新的国家治理体制”，载《中国社会科学》2012 年第 5 期。

〔2〕 毛泽东：“论十大关系”，载《毛泽东选集》（第 5 卷），人民出版社 1977 年版。

〔3〕 张学博：“中国税制的当代变迁（1978~2015 年）”，载《甘肃政法学院学报》2016 年第 4 期。

市）负责人经济形势座谈会时强调“做好下一步工作，关键要充分发挥中央和地方两个积极性，充分激发各类企业的积极性，充分调动广大干部和群众积极性”。[1]项目不仅能体现上级政府的意志性，又能给下级政府带来资金支持。更为关键的是，项目治理是一整套治理程序，从项目的申报、项目的审查和立项、项目的实施到项目的验收，是一整套技术的治理手段。这套程序主义的技术手段，使得经济社会发展能够被操作化和流程化。通过项目的治理，上级政府就可以通过产业政策来对经济社会进行引导。上级政府通过项目化的一整套流程，不断地对下级政府实施规训，从而不断地确立上级政府以及中央政府的权威。对于下级政府（比如县乡村级干部）而言，通过项目的方式申请资金，就避免了盲目的“等、靠、要”，而是有目的、有准备、合法地向上级政府表达自己的意图。尽管这些项目资金可能远远不够县乡级的事权，但是通过项目的申报至少可以厘清本身的发展思路，让上级政府了解县乡村的情况。

（二）项目治理是当代中国社会主要的治理方式——W县为例

由于笔者受单位委派在河北W县扶贫并担任县委常委，所以以W县为例来说明其政府的主要运行方式。在挂职期间，笔者参加了大量县委常委会议、党政四套班子会议、全面深改小组会议、扶贫工作会议。同时也与大量市、县、乡、村干部有了大量直接接触和谈话。据笔者观察，县级政府的工作分为两个大的部分。一个部分是基本运行部分，即上传下达，保持县、乡的政府运行，这部分工作主要是传达中央、省、市的文件和领导讲话精神并向下级进一步传达；另外一个部分则是经济社

〔1〕参见2015年10月13日中共中央政治局常委、国务院总理李克强主持召开部分省（区、市）负责人经济形势座谈会上的讲话。

会发展部分，这部分工作是目前县、乡、村工作的中心。[1]以笔者所挂职的W县为例，2016年的主要工作被分解为约三十个大的项目，由11个县委常委先进行分包，然后每个县领导再把个人所承包的项目具体布置给相关部门。如果不进行这些项目分包，很可能的结果是整个政府及其干部什么都不干，就只是维持政府的运转而已。同时，更重要的是，在项目运行过程中，县乡村的干部自身也得到了锻炼和成长。尽管中国经济社会高速发展了三十多年，但一个不可否认的常识是：中国的广大县以下的社会形态，仍然是相对静态和懒惰的。县乡村的干部，如果没有以一些具体的项目作为抓手，在很多时候可能会不知如何下手。[2]没有一些具体的抓手来督促干部，干部不作为的情形将很难得到解决。有了这些项目，就可以激励干部进行竞争，并为对干部的评价提供基本的依据。也就是说项目为评价干部提供基本的锚。[3]如果没有这个基本的锚，对于干部的评价将更加弹性，可想而知在中国这个人情社会，干部的评价将更加不可靠。因为中国道路是一个中国共产党推动发展的模式。没有一个强有力的党和政府，中国的发展是不可能保持长达几

〔1〕 尽管目前中央反复强调五大文明理念，但据笔者在中央党校大量主体班学员（主要是副厅级以上领导干部）的座谈调研、课堂发言观摩、小组讨论中发现，越是中西部地区，越是欠发达地区的领导，越是认为自己的地区急需发展。尽管这些地区是中国生态最脆弱的地区。用这些学员的话讲，落后地区的人民有发展的权利。

〔2〕 笔者在衡水挂职县委常委期间，对大量县、乡镇、村干部进行了观察，发现很多时候工作主要依靠作为主要领导县委书记和县长的推动和督促。事无大小，如果没有主要领导督促，很可能大事化小，小事化了。

〔3〕 在2016年，W县县委常委会已经开始试行，根据项目来给每个干部打分，并在每个周期（1年、2年、3年）作为考核和提拔干部的重要参考指标。而打分则是根据每个干部在每个项目中扮演的功能和成效进行星星赋值评价。在周期末尾按照星星得到多少来对干部进行综合评价。

十年的连续、高速发展的。与英美国家已经完全进入后工业化时代不同，中国的相当一部分地区和老百姓还处于农业社会之中，这决定了中国的发展必须不走寻常路，用毛主席的话说："一万年太久，只争朝夕"。〔1〕

（三）乡村社会治理的抓手：项目进村和产业扶贫

从近年来中国力推基础民主治理的实践来看，中国两委的直接民主实验效果并不理想。近期的乌坎村民主选举之后的效果就是一个典型案例。尽管在一些乡村选举中，那些领导村民带头致富的能人和公平公道的人在选举中很有竞争力，但一些家族势力和黑恶势力在乡村社会中把持两委的现象也比较突出。〔2〕乡村社会党组织涣散是由多个原因共同造成的：一是两委之间的关系问题。村委会主任由选举产生，而村支部书记由乡镇党委任命，两者的关系容易出现混乱；二是随着城市化的快速发展，乡村中的人才大量外出，造成了一定的真空地带，使得乡村社会中的家族势力和黑恶势力很容易主导村落中的大小事务。习总书记之所以对于扶贫工作如此看重，一个重要原因实际上是通过扶贫工作，重新加强乡村社会的党组织建设。习总书记在宁夏时明确指出："到2020年一定要实现全部脱贫目标。这是我当前最关心的事情。"〔3〕而扶贫工作的推进，从目前大量的经验来看，产业扶贫和项目进村是比较现实和容易操作的抓手。从广西桥马的经验来看，脱贫之路千条万条，产业扶贫还是第一条。〔4〕笔者在河北、山东等地调研的结果与彭清华在广西日

---

〔1〕出自毛泽东诗词：《满江红·和郭沫若同志》。

〔2〕即便在上海等发达地区，根据笔者的一些调研显示，乡村群众自治党组织相当一部分处于瘫痪状态。

〔3〕习近平总书记2016年7月18~20日在宁夏指导扶贫工作时的讲话。

〔4〕参见彭清华："扶贫调研纪事（四则）"，载《广西日报》2016年11月7日。

报上的日记所表达的意思是一致的。产业扶贫的具体形式就是通过一个个具体的项目来推动工作的展开。不论是河北、山东地区推动的大棚蔬菜产业扶贫，还是西部地区的光伏产业扶贫，或者河南洛阳的牡丹产业扶贫，都是通过一个个具体的产业和项目来推动具体工作的展开。通过一个个具体的项目，再结合各中央和省市机关的包村干部，与本村的干部、企业家共同推动扶贫工作的展开。

（四）项目治国、政府绩效和晋升锦标赛

项目化的治理方式极大地提高了县乡村政府的效率。在传统中国社会，上令止于郡县，乡村社会实际上是比较静态的，主要依靠乡绅来治理。今天的中国，处于从农业文明向商业文明转型之中，但乡村社会的转变是比较缓慢的。如果没有一种外在的激励方式，县乡村干部实际上没有什么工作动力。通过不断加强理想信念教育、塑造先进典型来鼓励干部学习先进是一种方式。[1]但是这种激励比较软性，而且不太有可以操作的标准。如果用意识形态和道德品质来对干部进行评价，就不太容易科学化，主观色彩比较浓，不太容易让人服气。通过项目化的方式实际上对于激励乡村干部会有比较明显的作用。为什么商鞅变法取得了巨大的成功，最关键的一个因素就是商鞅所推行的军功制度。简单而明确的军功制度让秦国的勇士勇往直前，“人人都能万户侯”当然能够最大程度地激励自己的干部和士兵去建功立业。通过鼓励县乡村干部引入项目，推动项目进村，就可以有一套客观化、科学化的评价标准来对各级干部进行评价。简而言之，处于转型期的县乡村干部，要以创业的心

〔1〕 比如我们党不断开展的群众路线教育活动，三严三实活动，向李保国同志学习活动，等等，都是党试图通过意识形态的力量来激励党员争做先锋，奋发努力工作的例子。

态从事工作，这也是为什么中国的法治建设会出现“送法下乡”的原因。

在中国的传统文化中，官员具有十分显赫的地位。尤其是在县乡村以下，整个社会对于官员有近乎崇拜的氛围。所以官员自身对于晋升的执着是其他国家和文化所不能理解的。正因如此，不论是从常识还是经济学家的数据来看，中国的地方政府官员中，省部级以下（不包括省部级）干部，尤其是县乡村干部，的确存在着激烈的官员晋升锦标赛。“上世纪 80 年代开始的地方官员之间围绕 GDP 增长而进行的‘晋升锦标赛’模式是理解政府激励与增长的关键线索之一……晋升锦标赛是将行政权力集中与强激励兼容在一起的一种治理政府官员的模式。”〔1〕由于省部级干部的升迁很多都带有政治性安排；所以省部级干部本身不太会再通过 GDP 锦标赛的方式来博取中央的关注，所以有的学者以省级干部的升迁样本来否定官员晋升锦标赛的论证并不能够成立。〔2〕而且，晋升锦标赛的存在与否与最终是否得到晋升并不存在必然的关联。即便一个官员最终没有因为参与锦标赛而得到晋升，但并不能因此而否定他参与官员晋升锦标赛的事实。晋升锦标赛一直存在，只不过锦标赛的标的物不同而已。在过去三十年的晋升锦标赛中，各级干部主要以经济增长（主要体现为 GDP）来作为竞赛的标的。随着十八届四中全会对全面推进依法治国的到来，地方政府很可能展开一场法治竞争锦标赛。不论这种晋升锦标赛存在多少弊端，但它最起码把各级干部充分激励起来，来推动社会主义经济建设事业的

〔1〕 周黎安：“中国地方官员的晋升锦标赛模式研究”，载《经济研究》2007 年第 7 期。

〔2〕 参见李晟：“‘地方法治竞争’的可能性——关于晋升锦标赛理论的经验反思与法理学分析”，载《中外法学》2014 年第 5 期。

发展。对于县乡村干部而言，通过各地调研交流，结合本地实际，引入项目，协调本地村民实施项目，协调相关企业和金融机构来支持实施项目，最后通过项目效益来考核干部，就可以把包括扶贫和经济发展工作都一体化。把项目考核和干部晋升联系起来，就能对基层干部产生强大的激励作用。要改变传统乡村社会中“等、靠、要”的思想〔1〕，通过项目进村、产业扶贫是一条行之有效，在不少地方已经产生明显效果的思路。有大量调研资料显示，通过项目进村，在当地村干部的积极配合之下，乡村的扶贫工作和经济社会发展取得了较好效果。〔2〕项目制的推行使得科层体系发生重构，政府内部动员由“层级动员”转向“多线动员”，行政资源的分配也演变成了项目中心模式……自我扩张效应使得项目制越来越深入到政府体系中，具有持续性及不断增长的影响力。〔3〕

归根到底，项目制之所以能够大行其道，关键还在于整个社会转型过程中所弥漫的绩效合法性。所谓绩效合法性，即整个社会的大环境就是追求经济社会发展的效率，凡是能提高发展效率的制度都会被视为是有很大的合法性或被优先考虑的制度。

四、项目治国的意外产品

正是因为“项目治国”能够发挥前文所讨论的系列功能，项目治理的思路被推广到了各个层面，广泛推开。即便在学术

〔1〕 陈行甲：“精准扶贫中：自强感恩教育要跟上”，载 http://hb.sina.com.cn/news/j/2016-11-07/detail-ifxxneua4301405.shtml？t=1478491876608，最后访问日期：2016 年 11 月 7 日。

〔2〕 谢丽丽：“‘项目进村’并成功运行的三种力量”，载《甘肃社会科学》2016 年第 1 期。

〔3〕 陈家建：“项目制与基层政府动员——对社会管理项目化运作的社会学考察”，载《中国社会科学》2013 年第 2 期。

界，项目也被视为是一种有效推进教学科研工作的治理方式，因为项目的确可以从整体上提升行业效率，但是并非以项目治理社会就无缺点可言。随着项目治理模式在整个社会的推开，这种便于科层化的治理模式也产生了很多项目设计者们没有预料的问题。

首先，项目本身会产生扭曲。以财政专项资金为例，研究发现，项目和专项资金并非像上级部门预想的那样有效率，相反还会出现许多意外后果。此外，过于依赖项目和专项，最终反而会使资金难以实际到达农村基层社会。〔1〕周飞舟以农村义务教育为例，说明由于2001年中央政府决定改变农民自办教育〔2〕的问题，把乡办教育上收到县办教育，反而导致农村义务教育更加困难。基于实证研究，周飞舟进一步认为："即项目体系越完备、审计体系越严格，专项资金的管理和控制越规范，这些资金就越难以深入到乡村基层。"〔3〕一个重要原因就是在乡村社会治理过程中，经费支出存在模糊性和不可预料性，如果项目资金的使用不太严格，县乡村干部还可以左挪右支，但是一旦严格规范，便很可能使资金浮在县级政府，无法使用下去。周文中的农村义务教育的案例就是如此。本来政策设计的目的是加强农村义务教育，但由于农村农业税的免除，县级财政力量不足，使得农村义务教育资金更加紧张，使得这些年县级教育力量很强大，而乡村义务教育越来越空心化。

其次，项目治国导致了县乡村地方政府行为的变化。"项目制的上述特质及其运作中反映出的种种问题，对于中国社会结构

---

〔1〕 周飞舟："财政资金的专项化及其问题兼论'项目治国'"，载《社会》2012年第1期。

〔2〕 参见2001年5月的国务院21号文件《关于基础教育改革与发展的决定》。

〔3〕 周飞舟："财政资金的专项化及其问题兼论'项目治国'"，载《社会》2012年第1期。

正在产生一些实质性的影响，中央与地方、城市与乡村、富裕与贫困、强者与弱者之间的关系，都会在项目制下发生新的变化。"〔1〕"跑部钱进"成了地方政府尤其是中西部地区地方政府的主要工作目标之一，这是目前项目制受到广泛质疑的主要问题之一。在过去二十年中，各个地方政府，尤其是县级政府设立驻京办、驻省会城市办，其主要职能就是跑项目。相比传统的天高皇帝远的社会治理机制，项目制使得县级政府更加注重中央政府和上级政府的政策导向，使得中央与地方的关系更加紧密，使得中央政府的指令可以比较容易地得到贯彻，但同时也产生了大量的寻租腐败问题。王晓方的小说《驻京办主任》所描述的就是现实中省、市、县三级干部在驻京办这个平台中形形色色的表现。〔2〕由于项目来自于上级，相对来说监管更加困难。项目制实际上形成了一种新的、强有力的动员机制。在基础政府行政资源稀缺的情况下，来自项目的强大激励会使得地方政府选择性地执行对自己有利的政策。"有研究者观察到，在层级利益分化情况下，下级政府并不总是切实执行上级政策，而是在利益权衡中有选择地执行。"〔3〕

地方政府行为的变化，最大的表现就在于土地财政的兴起。1994年的分税制改革中，中央政府将土地出让金留给了地方。就是这样一个政策，谁也没有想到会成为地方政府最大的行为动力。尤其是2002年所得税分享改革之后，地方政府基本上全面启动了"大兴土木"地推进城镇化的过程。房地产成了中国经济的支柱产业。通过土地财政推动中国的城镇化，使得中国

〔1〕 折晓叶、陈婴婴："项目制的分级运作机制和治理逻辑——对'项目进村'社会学分析"，载《中国社会科学》2011年第4期。

〔2〕 参见王晓方：《驻京办主任》，作家文艺出版社2007年版。

〔3〕 Kevin J. O. Brien and Lianjiang Li, "Selective Policy Implementation in Rural China", *Comparative Politics*, Vol. 31, No. 2, 1999, pp. 167~186.

的基础设施取得了全世界瞩目的发展速度。但也使得地方政府在“大干快上”上项目的道路上越走越远。

五、关于项目治国的结论和进一步分析

经过前面的分析，我们大致可以得出一个结论：启发于1994年分税制的财政项目制，经过二十年的发展，已经成了整个中国社会的一种重要的社会治理模式，并且在提高政府绩效、改善社会治理方面发挥了重要功能。在中国的社会转型时期，由于我们是一个后发追赶型国家，这种社会治理模式仍将发挥重要作用。

项目治国大行其道，实际上有几个重要前提。一个前提是政府的分级治理。分级治理，是在中央与地方政府分权的行政改革与市场化改革……推行国家目标和调动地方资源的双重目标下，中央政府对地方政府在某些特定领域和某些公共事项上，进行非科层的竞争性授权，而不是行政指令性授权。[1]结合中国而言，因为中国的市场化改革还没有完成，所以中央政府在依赖科层制政府的同时也为下级政府提供了一种非科层制的竞争方式。正是这种双轨制治理方式、看似自上而下的治理方式其实为基层政府提供了自下而上进行竞争的平台。这种竞争超越了传统的科层制治理模式。第二个前提就是转型时期的绩效合法性。中国仍处于1840年鸦片战争所被迫发起的中国现代化的伟大进程之中，[2]整个中国社会的价值目标都首先是富国强兵，其次才是民主和法治。[3]正是富国强兵的宏伟目标使得追

〔1〕 祝灵君：《授权与治理：乡（镇）政治过程与政治秩序》，中国社会科学出版社2008年版，第46~50页。

〔2〕 李鸿章所言“三千年未有之大变局”。

〔3〕 参见十八大报告：社会主义核心价值观——富强、民主、文明、和谐、自由、平等、公正、法治、爱国、敬业、诚信、友善。

求政府的绩效成了中国社会治理最大的合法性。追求政府的绩效使得项目治国拥有了自身的合法性。第三个前提就是中国经济的持续发展使得中央财政拥有足够的财力来推动项目，反过来再运用项目推动经济社会的发展。德国、日本的经济发展经验表明，产业政策对于集中国家力量推动国家的工业化和现代化有着十分明显的作用。不少经济学家还在争论是否需要产业政策，显然没有抓到点子上。〔1〕运用西方古典经济学理论对于中国的经济发展本身就无法作出解释。因为中国的现代化本身是由先进性政党和中央政府强力推动而促进的。而古典经济学模型是基于市场自发形成来讨论市场经济，所有其自由市场经济理论都无法运用到对中国经济社会发展的解释上来。具体的产业政策则是以各式各样的项目来展开和推动。所以，今天要讨论的不是要不要产业政策，而是什么样的产业政策、什么样的项目、怎么完善项目治国，以及如何防止项目治国之中的腐败和其他弊端。第四个前提也是学术界所常常忽视的一个前提就是中国拥有一个强有力的政党——中国共产党。这个先进性政党尽管存在不少腐败、垄断权力等问题，但是这个政党通过向社会各个阶层开放，广泛吸收各界精英分子，保障了这个先进性政党能够代表中国社会各个阶层的利益，而不被任何一个特殊利益集团所控制。实际上，如果没有一个强有力的政党，那么项目治国几乎不可能成功，因为像中国这么大的一个国家，必然会形成强有力的科层制治理体系。这在中国历史上可以反复验证。如果没有一个强有力的外部力量，基础政府几乎不可能越级向更高级的政府甚至中央政府表达自己的意志。只有在现代中国，中国共产党为了更有效地提高政府绩效，才会在传

〔1〕参见“林毅夫张维迎应如何辩论产业政策”，载《第一财经日报》2016年11月7日。

统科层化治理的轨道外又开辟出一条项目制通道。这条通道使得基层政府除了被动接受来自上级的指令外，还可以通过竞争来获得更高级政府的项目支持。两种制度本身也会形成竞争，从而提高整个政府的绩效。

当然，项目治国并非无弊端可言。技术治理所造成的条条上的权力寻租需要通过加强法治的方式予以规制。但是对于项目制的规则设计得越是精细和严格，便越可能提高项目实施的成本，并且导致项目制本身的异化。因为项目治理本身是作为传统科层制的竞争制度而设立，就是为了降低制度成本，把中央政府或上级政府的政策和财政资金直接输入到基础政府或者特定群体或者特定产业中去。但基层政府在传统的科层制社会治理中，对于资金和政策的使用具有一定的自由裁量权，来根据其掌握的信息和情势变更来适当调整政策和资金的使用。但如果对项目使用资金实行严格管制并加审计，不仅会提高本身的项目成本，而且会导致很多项目资金无法使用的情形。此时，可能需要一个平衡。再加上对项目资金的监管时也要赋予基础政府和组织一定的自由裁量权。否则，基层政府也会采取打包项目等方式进行项目申报，到具体使用项目资金时则进行具体调整。

另外一个项目制造出的问题就是基础政府（县、乡、村都存在）负债发展的问题。因为中央和上级政府的项目往往希望基层政府配套资金，所以实践中基础政府往往是先开工建设，再运用建设中的项目区申报上级政府的项目资金。[1]但这种申报存在风险，往往并不一定能够申报成功。如果申报成功，自

〔1〕 笔者所挂职的县里，很多村子常常是先自己垫资建设一个项目，然后再向上级政府申报项目支持，但上级不一定会批准项目。时间一长，很多乡村就累积下了大量债务。

然皆大欢喜；一旦申报失败，就会遗留大量债务，甚至是半截子工程。这也是一个悖论，如果没有前期投入，上级政府往往不批准项目支持。反过来，如果前期开工建设，上级政府因为种种原因没有批准项目[1]，便会导致工程半途而废或者堆积基层政府债务。而要解决这个问题则需要改变项目立项规则，不再以前期投入为立项前提，而是以项目的紧迫性、科学性、可行性为立项标准。

---

〔1〕 上级政府之所以不批，往往是因为财政资源有限，因为相比基层县乡村所需的项目资金而言，上级的项目资金永远是稀缺的，尤其是中国正处于高速发展和城镇化时期。

主要参考文献

著作类

1. ［德］弗里德里希·卡尔·冯·萨维尼：《历史法学派的基本思想》，郑永流译，法律出版社 2009 年版。
2. ［德］康德：《实践理性批判》，韩水法译，商务印书馆 2015 年版。
3. ［法］卢梭：《社会契约论》，何兆武译，商务印书馆 2014 年版。
4. ［美］彼彻姆：《哲学的伦理学》，雷克勤等译，中国社会科学出版社 1990 年版。
5. ［古希腊］亚里士多德：《尼各马科伦理学》，苗力田译，中国社会科学出版社 1999 年版。
6. ［英］霍布斯：《利维坦》，黎思复、黎廷弼译，商务印书馆 1985 年版。
7. ［美］罗尔斯：《正义论》，何怀宏等译，中国社会科学出版社 1988 年版。
8. ［英］哈耶克：《法律、立法与自由》（下册），邓正来、张守东、李静冰译，中国大百科全书出版社 2000 年版。
9. ［美］富勒：《法律的道德性》，郑戈译，商务印书馆 2014 年版。
10. ［日］美浓部达吉：《议会制度论》，邹敬芳译，中国政法大学出版社 2004 年版。
11. ［英］J. S. 密尔：《代议制政府》，汪瑄译，商务印书馆 2014 年版。
12. ［美］汉密尔顿、杰伊、麦迪逊：《联邦党人文集》，程逢如、在汉、舒逊译，商务印书馆 1980 年版。
13. ［美］詹姆斯·M. 布坎南：《民主财政论》，穆怀朋译，商务印书馆

2015 年版。
14. [日] 北野弘久:《税法学原论》(第 4 版),陈刚等译,中国检察出版社 2001 年版。
15. [美] 詹姆斯·M. 布坎南、戈登·塔洛克:《同意的计算——立宪民主的逻辑基础》,陈光金译,中国社会科学出版社 2000 年版。
16. (宋) 司马光:《资治通鉴》,中华书局 2009 年版。
17. 陈鼓应注译:《黄帝四经今注今译》,商务印书馆 2016 年版。
18. 石磊译注:《商君书》,中华书局 2011 年版。
19. 金良年撰:《大学译注、中庸译注、论语译注》,上海古籍出版社 2010 年版。
20. 苏力:《送法下乡》(修订版),北京大学出版社 2011 年版。
21. 金景芳:《论井田制度》,齐鲁书局 1982 年版。
22. 瞿同祖:《中国法律与中国社会》,商务印书馆 2016 年版。
23. 《毛泽东选集》,人民出版社 1991 年版。
24. 钱穆:《中国历代政治得失》,生活·读书·新知三联书店 2012 年版。
25. 苏力:《法治及其本土资源》,北京大学出版社 2015 年版。
26. 王泽鉴:《民法物权》,北京大学出版社 2010 年版。
27. 房绍坤:《用益物权基本问题研究》,北京大学出版社 2006 年版。
28. 贺雪峰:《地权的逻辑》,东方出版社 2013 年版。
29. 张学博:《经济法学前沿问题研究》,中国政法大学出版社 2016 年版。
30. 张学博:《生态治理现代化视野下的财税法学前沿问题研究》,中国政法大学出版社 2017 年版。
31. See Dawn Elizabeth Rehm and Taryn Parry, "Manual on Fiscal Transparency", *International Monetary Fund*, 2007.
32. See O. O'Neil, *A Question of Trust* (*the* 2002 *Reith Lectures*), Cambridge University Press, 2002.

论文类

1. 张文显:"法治与国家治理现代化",载《中国法学》2014 年第 4 期。
2. 叶方兴:"德法互济、协同共治——'德治与法治:治理的逻辑与路径'

学术研讨会纪要”，载《道德与文明》2015 年第 6 期。
3. 张金光：“普遍授田制的终结与私有地权的形成——张家山汉简与秦简比较研究之一”，载《历史研究》2007 年第 5 期。
4. 李恒全：“论战国土地私有制——对 20 世纪 80 年代以来战国授田制观点的质疑”，载《社会科学》2014 年第 3 期。
5. 武建国：“建国以来均田制研究综述”，载《云南社会科学》1984 年第 2 期。
6. 杨际平：“《唐令 · 田令》的完整复原与今后均田制的研究”，载《中国史研究》2002 年第 2 期。
7. 王永兴：“论唐代均田制”，载《北京大学学报哲学（社会科学版）》1987 年第 2 期。
8. 吴庆阳：“从‘两税法’到‘分税制’——中央地方博弈下的财政税收制度”，载《开发研究》2009 年第 3 期。
9. 袁英光、李晓路：“唐朝财政重心的南移与两税法的产生”，载《北京师范学院学报》1986 年第 2 期。
10. 苏力：“何为宪制问题——西方历史与古代中国”，载《华东政法大学学报》2013 年第 5 期。
11. 连家明：“政治生态、财政民主和参与式治理”，载《经济研究参考》2011 年第 9 期。
12. 王威、马金华：“论历史视角下财政民主的理论逻辑”，载《中央财经大学学报》2013 年第 3 期。
13. 张翔：“财产权的社会义务”，载《中国社会科学》2012 年第 9 期。
14. 刘剑文：“公共财产权的概念及其法治逻辑”，载《中国社会科学》2014 年第 8 期。
15. 刘剑文：“论财政法定原则”，载《法学家》2014 年第 4 期。
16. 王源扩：“论财政法的民主原则”，载《安徽师范大学学报（人文社会科学版）》2007 年第 5 期。
17. 戴激涛：“协商机制在预算审议中的引入：财政民主之程序构造”，载《苏州大学学报（哲学社会科学版）》2010 年第 6 期。
18. 胡伟：“论完善实现中国财政民主的法律机制”，载《政治学研究》

2014 年第 2 期。

19. 杨丹芳、吕凯波、曾军平:“中国财政透明度评估（2015 年）”，载《上海财经大学学报（哲学社科版）》2015 年第 5 期。
20. 高兆明:“分配正义三题”，载《社会科学》2010 年第 1 期。
21. 向玉乔:“社会制度实现分配正义的基本原则及价值维度”，载《中国社会科学》2013 年第 3 期。
22. 王卫国:“现代财产法的理论建构”，载《中国社会科学》2012 年第 1 期。
23. 汪进元、汪新胜:“程序控权论”，载《法学评论》2004 年第 4 期。
24. 何俊志:“预算透明的理论源流与国际实践”，载《国家行政学院学报》2008 年第 2 期。
25. 李燕:“财政信息公开透明是预算监督管理的基础”，载《财政研究》2010 年第 6 期。
26. 赵倩:“财政信息公开与财政透明度：理念、规则与国际经验”，载《财贸经济》2009 年第 11 期。
27. 申亮:“基于博弈理论的财政透明度问题研究”，载《地方财政研究》2008 年第 8 期。
28. 曾军平:“政府信息公开制度对财政透明度的影响及原因”，载《财贸经济》2011 年第 3 期。
29. 王鸿貌:“税收法定原则之再研究”，载《法学评论》2004 年第 3 期。
30. 黄寿峰:“财政透明度对腐败的影响研究——来自中国的证据”，载《财贸经济》2015 年第 3 期。
31. 卢剑峰:“参与式民主的地方实践及战略意义——浙江温岭民主恳谈十年回顾”，载《政治与法律》2009 年第 11 期。
32. 张利:“从《政府信息公开条例》谈我国政府信息公开的立法缺陷”，载《企业家天地》2007 年第 7 期。
33. 陈国权、王勤:“市场经济现代转型中的法治与责任政府”，载《公共管理学报》2007 年第 2 期。
34. 吴兴国:“承包权与经营权分离框架下债权性流转经营权人权益保护研究”，载《江淮论坛》2014 年第 5 期。

35. 陈小君："我国农村土地法律制度变革的思路与框架——十八届三中全会《决定》相关内容解读"，载《法学研究》2014 年第 4 期。
36. 姜红利："放活土地经营权的法制选择与裁判路径"，载《法学杂志》2016 年第 3 期。
37. 苏永钦："法定物权的社会成本——两岸立法政策的比较与建议"，载《中国社会科学》2005 年第 6 期。
38. 潘俊："农村土地'三权分置'：权利内容与风险防范"，载《中州学刊》2014 年第 11 期。
39. 丁文："论土地承包权与土地承包经营权的分离"，载《中国法学》2015 年第 3 期。
40. 秦小红："政府引导农地制度创新的法制回应——以发挥市场在资源配置中的决定性作用为视角"，载《法商研究》2016 年第 4 期。
41. 周飞舟："大兴土木：土地财政与地方政府行为"，载《经济社会体制比较》2010 年第 3 期。
42. 邓子基："关于土地财政的几个问题"，载《学术评论》2012 年第 1 期。
43. 陈国富、卿志琼："财政幻觉下的中国土地财政——一个法经济学视角"，载《南开学报（哲学社会科学版）》2009 年第 1 期。
44. 陈志勇、陈莉莉："财税体制变迁、'土地财政'与经济增长"，载《财贸经济》2011 年第 12 期。
45. 赵燕青："土地财政：历史、逻辑与抉择"，载《城市发展研究》2014 年第 1 期。
46. 王宏利："美国土地财政收入演进规律及启示"，载《地方财政收入》2011 年第 5 期。
47. 骆祖春、赵奉军："美国土地财政的背景、经历与治理"，载《学海》2012 年第 6 期。
48. 贺雪峰："中国土地制度向何处去"，载《学习与实践》2009 年第 6 期。
49. 贺雪峰："取消农业税后农村的阶层及其分析"，载《社会科学》2011 年第 3 期。

50. 贺雪峰:“论‘三权分置’下的土地承包权”,载《河北法学》2016 年第 3 期。
51. 李国强:“论农地流转中‘三权分置’的法律关系”,载《法律科学》2015 年第 6 期。
52. 高富平:“农村土地承包经营权流转与农村集体经济的转型——新一轮农村土地制度改革的法律思考”,载《上海大学学报(社科版)》2012 年第 4 期。
53. 张旭东:“建党以来中国农村土地制度的演变及启示”,载《生产力研究》2013 年第 12 期。
54. 周飞舟:“财政资金的专项化及其问题兼论‘项目治国’”,载《社会》2012 年第 1 期。
55. 渠敬东、周飞舟、应星:“从总体支配到技术治理——基于中国 30 年改革经验的社会学分析”,载《中国社会科学》2009 年第 11 期。
56. 周飞舟:“从‘汲取型’政权到‘悬浮型’政权:税费改革对于国家和农民关系之影响”,载《社会学研究》2006 年第 3 期。
57. 付伟、焦长权:“‘协调型’政权:项目制运作下的乡镇政府”,载《社会学研究》2015 年第 2 期。
58. 李晟:“‘地方法治竞争’的可能性——关于晋升锦标赛理论的经验反思与法理学分析”,载《中外法学》2014 年第 5 期。
59. 谢丽丽:“‘项目进村’并成功运行的三种力量”,载《甘肃社会科学》2016 年第 1 期。
60. 陈家建:“项目制与基层政府动员——对社会管理项目化运作的社会学考察”,载《中国社会科学》2013 年第 2 期。
61. See A. M. Florini, “Increasing Transparency in Government”, *International Journal on World Peace*, 19 (2002): 3~5.

后　记

今年是来到中央党校的第七个年头，时间过得很快，科研总算理出一些思路和感觉。从历史的眼光出发，对发生过的法律和社会问题进行思考，很符合我的学术套路。不论是孟德斯鸠，抑或萨维尼，还是卡尔·马克思，其内在逻辑其实是一致的，就是法律是民族和历史的产物，而非规范的演绎，抑或学者的推理。本书就是从这一路径出发，对中国历史上的一些问题进行反思，也对一些法学领域里的曾经不可动摇的学术意识形态进行了挑战。比如中国古代有无法治的问题。

不论是中国古代的税制分析，还是中国古代的法制研究，实际上都是试图表明数千年的中国文明并非一个无序的专制（抑或人治）社会，而是在多数时候是一个稳定的德法合一的法治（尽管是与农耕文明匹配的）社会。正因如此，今天中国所坚持的全面依法治国才只能立足于中华文化自身的传统（德法合一），并考察中国当代的法律实践（比如类似中国农村三权分置这样的真实法律问题），才可能逐步朝着中国特色社会主义法治体系的方向前进。必须正视今天中国社会中的种种政法问题（比如“文件治国”和“项目治国”），并研究它们发生的内在土壤，才可能在未来的时间里去改造它们，才可能按照十九大报告的设计，在2035年左右初步实现法治国家、法治政府和法治社会。

鞋子合不合脚，只有自己穿上才知道。中国特色社会主义法治，不是张之洞的“中学为体，西学为用”，也不是李泽厚的“西学为体，中学为用”，而是习近平同志提出的“以我为主，为我所用”。我们不需要更多的溢美之词，我们一贯欢迎客观的介绍和有益的建议，正所谓“不要人夸颜色好，只留清气满乾坤”。

张学博

于78号楼

2017年11月5日